Warum küssen sich die Menschen?

Nr. 125

Alemannisches Libell Drei

Joseph Victor von Scheffel

Warum küssen sich die Menschen?

Trink-Poesie und Kater-Philosophie
des Meisters
Josephus vom Dürren Aste
Trompeterstücklein, Vagantenepisteln
Polizei-Poesie
und Gaudeamus-Blödeleien
gesammelt und empfohlen
von

Klaus Oettinger
und
Helmut Weidhase

Faude
1986

Inhalt

Frage des Katers Hiddigeigei
dieses Inhaltsverzeichnis betreffend:
Warum
müssen sich die Menschen
in den hier genannten Texten
durch so viele
ohne vorherige Warnung
sorgsam eingestreute
Gedichte
überraschen lassen
?

Lieder des Katers Hiddigeigei

Ich, Hiddigeigei, die alte Katz',
Bin eine Person von Erfahrung,
Erwisch' ich die Maus nicht, so fress' ich die Ratz',
Auch die gibt erkleckliche Nahrung.

Ich, Hiddigeigei, die alte Katz',
Ich hass' die empfindsame Richtung,
Ich finde, die Welt ist kein passender Platz,
Zu beschreiten die Pfade der Dichtung.

Ich, Hiddigeigei, die alte Katz'
Ich singe nicht klagend vom Dache:
Verloren, geraubt ist mein süßer Schatz,
Mir bleibt nur Tod oder Rache!

Ich, Hiddigeigei, die alte Katz',
Ich lieb' in der Liebe den Wechsel,
Es wäre sonst immer die selbige Hatz
Und das selbige Liedergedrechsel.

Wie diese Menschen sich im Wahn versteigen,
Ein Kater faßt ihr falsches Reden kaum –
Statt sich mit bravem Raubtier zu vergleichen,
Spricht man von »Blüten an der Menschheit Baum«!

O Baum der Menschheit – Stamm, der schlank gehoben,
Mit seinen Wipfeln stolz den Himmel sucht:
Dein Blattwerk ist aus Dummheit nur gewoben,
Und kürbisschwer hängt drin des Unsinns Frucht.

Säkkinger Episteln

Säkkingen, den 13. Januarii 1850

Wie der Doktor Scheffel seine erste Ausfahrt in den »Wald« gehalten und dabei den Balthes Nicker, mehrere Schneelandschaften und andere Hauensteiner Biedermänner, sowie den »Meysenharts Joggele« kennen gelernt hat.

Heute ziehen wir ein doppeltes Paar wollene Socken an und suchen unsere wärmsten Handschuhe vor und leihen bei der Kellnerin im Knopf ein Paar Salbandüberschuhe, und der Amtschirurg Vogelbacher setzt seine alte Pelzkappe auf und zieht die großen Pelzohren daran herunter; – denn es ist giftig kalt, und das Amt muß in den Wald fahren.

Bekanntlich hat das Sprichwort »Laßt die Toten ruhen« keine juristische Bedeutung, im Gegenteil, wenn einer nur ein wenig auf abnorme Weise das Zeitliche gesegnet hat, so kommt er nicht eher zu seiner Grabesruhe, als bis Amt und Physikat ein riesenhaftes Protokoll über ihn aufgenommen haben, denn wozu wäre denn das viele Papier auf der Welt, wenn es nicht verschrieben werden sollte?

Diesmal war einem armen Burschen von Schweighof, der von einem weiten Weg bei Nacht und Nebel nach Haus wollte, auf der Grünnenbacher Höh' oben der Lebensgeist und die Kraft zum Weitermarschieren ausgegangen, und er hatte sich aufs Ohr in den Schnee gelegt, um nimmer wieder aufzuwachen.

Deswegen standen mittags 12 Uhr die Schlitten vor dem Amthause, leichte zweisitzige Fahrzeuge, und den einen bestieg das Bezirksamt, nämlich ich und mein schnöder Aktuar, und den andern bestieg eine große Pelzkappe, ein Mantel und ein paar Wasserstiefel, und das war das Physikat, nämlich der Amtschirurg Vogelbacher. (Dieser Biedermann würde eigentlich eine besondere Abhandlung verdienen; – z. B. hat derselbe die Bedeutung eines guten Schnapses zu jeder Tageszeit so tief erfaßt und den Kultus des gebrannten Geistes so andächtig getrieben, daß auf 6 Stunden im Umkreis der durstige Mensch, wenn ihn Kälte oder Überzeugung zu einem ähnlichen Schritt veranlassen, nicht mehr sagt: »Bringt mir einen Schnaps!« sondern, was zugleich viel plastischer klingt: »Bringt mir einen Vogelbacher!«)

Und bald knallten die Peitschen und rasselten die Schellen, und fort sausten Amt und Physikat durch die glatte Schneebahn; und fuhren den Rhein entlang bis Obersäkkingen, dann ging's links ab, bergan in den Wald hinauf, und noch ein paar schöne Durchblicke durch die Baumgruppen nach dem Rheintal und den glatt abgeschnittenen Schweizerbergen gab's; dann fuhren wir einem duftigen Nebel entgegen, und bald war die Ferne verhüllt, und das Auge sah nur noch die weiten Schneeflächen, die unvermerkt und ohne bestimmbare Grenzlinie in den Horizont übergingen (– ganz dasselbe Bild in Weiß und Grau gemalt wie bei Meer und Himmel in Blau), und nur hie und da ragten ein paar schweigsame Tannen, deren Nadeln vom Reife so fein beeist waren wie der Bart meines Aktuars, zwischen durch, oder es tauchte ein einsam zugeschneites Strohdach auf, um zu erinnern, daß außer den Füchsen, Raben und Rehen, an die uns die Fußspuren im Schneefeld gemahnten, auch noch der homo sapiens Linnäi in diesen Gefilden existiere. So ging's durch Rüppolingen und Harpolingen nach Willaringen.

Dort stund ein stattlich Wirtshaus und »Balthes Nik-ker baut' mich« über der Tür geschrieben, und heraus trat er selber, der alte Balthes, eine Gestalt wie aus Erz gegossen, in dem roten, mit Samt ausgelegten Hauensteiner Tschoben, mit dem feingefälteten Hemdkragen, kurzen Hosen und Strümpfen und breitgeschnallten Schuhen. Und er lupfte sein schwarzes Käpplein und fragte nach der Herren Begehr.

Und als wir uns des Wegs nach dem Schweighof befragten, um den in sein elterliches Haus verbrachten Verunglückten dort zu besichtigen, — da lächelte der alte Balthes und sprach: »Da hätten die Herren früher kommen müssen, heut früh hat ihn der Pfarrer von Rik-kenbach begraben.« Und der Stabhalter von Willaringen bestätigte es. Da wurde denn hier haltgemacht und dem Stabhalter die Weisung erteilt, den Bürgermeister von Schweighof und die Angehörigen des Verunglückten hierher bestellen zu lassen.

Wir traten in die Wirtsstube. Nach altem Brauch kam der alte Balthes zu jedem heran, schüttelte ihm kräftig die Hand und sprach: »Willkommen!« Und das kam mir so herzlich vor, daß ich mich fast veranlaßt fand, es mit dem herzlichsten Gruß aus meiner Sammlung, nämlich einem kräftigen »Leben Sie gefälligst hoch!" zu erwidern; ich bedachte mich aber zur rechten Zeit, daß diese germanische Redensart vielleicht ebensowenig Anklang finden würde als der griechische Gruß Χαιρε, den jener Storch auf dem Halsband geschrieben dem Schwarzwälder in Nordamerika zubrachte, und den dieser als »Kaibe« interpretierte.

Und dann stand das »dunderschießige Maidle«, das

am Fenster beim Spinnrad saß, des alten Balthes Tochter, auf und kam ebenfalls mit »Gottwilche!« zu fragen, was uns gefällig sei; — und wenn sie auch nicht sylphidenartig durchs Zimmer schwebte, sondern handfest auftrat, und wenn auch ihres Mieders Taille keineswegs, um mit Dahlmann zu reden, »auf Grund und Maß der gegebenen Zustände zurückgeführt«, sondern viel zu hoch war, so war doch die kurz aufgeschürzte Erscheinung mit ihren zwei langen, kastanienbraunen Zöpfen so ansprechend, daß selbst Vogelbachers, des Amtschirurgen Antlitz sich verklärte, als wenn er ein altes Kirschenwasser von 1822 vor sich geschaut hätte.

Nachdem eine Herzstärkung genommen und mit dem alten Balthes mancherlei über schlechte Zeiten und Kriegsläufte und Schneebahnschlitten gesprochen worden war und sich dabei herausgestellt hatte, daß er kein leidenschaftlicher Verehrer der Gothaer Partei und ihm der Reichstag zu Erfurt ziemlich »Wurst« war, — kamen durch den Schnee die anher vorgeladenen Männer anmarschiert; die Gäste verzogen sich aus der Stube, das Maidli nahm sein Spinnrad und verzog sich auch, und das Verhör begann.

Zuerst der Bürgermeister von Schweighof. Er hatte es so natürlich gefunden, daß man einen Toten auch begrabe und nicht zu warten brauche, bis Amt und Physikat ihn besichtigt haben, — er kannte weder die betreffende Ministerialverfügung im Regierungsblatt vom soundsovielten noch die einschlagenden §§ aus Rettigs Polizeigesetzgebung, die das Gegenteil vorschrieben, daß alle Versuche, ihn eines Unrechts zu überzeugen, an ihm abprallten. Alter Bürgermeister, wenn du gewußt hättest, wie groß meine Freude über deine Gesetzesübertretung war, und was du mir damit selbst für einen Gefallen erwiesen, – der amtliche Verweis, den ich erteilen mußte, hätte noch einige Lot von seinem ohnedies nicht schweren Gewicht bei dir verloren!

Dann der alte Vater des Verstorbenen. Sein Bub war fortgegangen, um die in andern Ortschaften wohnenden Mitglieder der Familiensippschaft zum Begräbnis einer Verwandten einzuladen, – denn das Unterbleiben dieser Einladung, auch an den Entferntesten, gilt im Hauenstein als ein großer »Affront«, – und wie er am selben Abend noch mit den Eingeladenen heimgehen wollte, verließen ihn die Kräfte oben auf der Höh' bei Egg, und er blieb im Schnee liegen, und ehe seine Begleiter mit dem Schlitten zu Hilfe kamen, war er schon erstarrt. 's war ein braver Bursch von 24 Jahren, und dem Alten rann manche Träne die Wange herunter, bis er die Geschichte zu Ende erzählt hatte.

Dann die übrigen Angehörigen desselben.

Nachdem ich sie mit gutem Trost und Zuspruch entlassen hatte, wurde beschlossen, die Untersuchung in Egg fortzusetzen, wo die Leute waren, die den Erstarrten vom Berg herabgeholt und wieder zu beleben versucht hatten. Und der alte Balthes Nicker meinte, wann ich wieder einmal zu ihm komme, dann werden die Matten grüner und die Einquartierungssteuer kleiner sein, und dann werde mir's besser im Wald oben gefallen. So hab' ich auch gedacht; – aber der Mensch denkt und der Meysenharts Joggele lenkt!

An letzteren hatten wir beide nicht gedacht.

Und wieder fuhren die Schlitten in gutem Trabe des Weges weiter und durch Duft und Nebel und weite Schneefelder in den alten Willaringer Tannenwald; das war eine Waldeinsamkeit, der Boden hoch mit Schnee bedeckt, und die Schwarzwaldtannen, gebückt und traurig unter der Schneelast, ließen ihre Äste hängen, und man sah's ihnen an, daß sie einen schweren Traum träumten, und ich hätte viel darum gegeben, wenn ich ein paar Minuten so ins innere Mark einer Tanne hätte hineinschauen und die Gedanken, die da langsam auf- und niederstiegen, herauslesen und entziffern können. Es muß eine eigene Welt sein, so ein »harziges Tannenbewußtsein.« – Ob der Amtschirurg Vogelbacher, als wir durch den Willaringer Tannenwald fuhren, dieselben Wünsche und Gedanken gehegt wie ich, habe ich nachmals nicht in Erfahrung gebracht. –

In Egg ließen wir ihn ruhig weiterfahren und stiegen zur Fortsetzung der Untersuchung im Wirtshaus des Fridolin Thoma ab, wo die Eiszapfen Mann an Mann vom Dache bis auf den Boden herabhingen. Es ließ sich jedoch Bahn durch dieselben brechen, und die warme Wirtsstube nahm uns auf. Hierher wurde nun männiglich vorgeladen, wer über den Unglücksfall Auskunft geben konnte, und ein paar Stunden inquiriert. Dann blieb ich noch eine gute Zeit bei den Leuten sitzen und trank und sprach mit ihnen über dies und das. Es war eine Hauensteiner Stube wie auf dem Kirnerschen Bilde, um den großen Porzellanofen eine Ofenbank, die man sonderbarerweise »Kunst« nennt, und die auch während der Winterszeit den Mittelpunkt der Tätigkeit manches Biedermanns bildet, indem er darauf den edlen und freien Künsten des Schnapstrinkens und Schlafens gleichmäßig obliegt.

Darauf saßen nun die Mannen, die Ellenbogen kräftig auf den Tisch gestützt, und erzählten mir, »dem Herrn Amtmann«, allerlei Geschichten, und es sprach sich ein so inneres mit sich und der Welt Imreinensein in allem aus, daß mir's recht behaglich zumut wurde. So viel ward mir ebenfalls klar, daß, wenn Proudhon oder Leroux oder irgendein anderer Apostel des Sozialismus in eine Hauensteiner Stube einträten, sie fünf Minuten später bombenähnlich hinausfliegen, beziehungsweise gefuhrwerkt würden. Zum Entsetzen für jeglichen Humanisten stellte einer von den Leuten den Satz auf: »Bei uns hat's eigentlich der Bettler am allerbesten, er braucht für nichts zu sorgen, geht durch alle Weltläufte ohne Furcht, etwas dabei zu verlieren, wo er hinkömmt, kriegt er ein Obdach und dort wieder eine Speckseite oder einen Schnaps, und wenn's ein alter Knabe ist, von dem man weiß, daß er sein Teil Leben schon gelebt hat, so genießt er noch hohe Achtung, und sein Rat wird von alt und jung gesucht.«

Ein anderer erzählte, wie er einmal in Basel bei einem reichen Herrn gewesen und habe einen schweren Kartoffelsack in den Keller getragen, und da sei er ihm gefallen und er habe den Herrn gebeten, ihm den Sack aufzulupfen, und da sei dieser so krumm und schwach und steif gewesen, daß er sich kaum habe bücken können, und habe vergeblich an dem Kartoffelsack sich abgezappelt, und da habe er zu dem Kaufherrn gesagt: »Ihr seid ein *armer* Mann, und ich bin ein *Freiherr!!*«

Solche und ähnliche Ketzereien wurden vielfach aufgestellt, und es wurde mir dabei klar, daß man nicht nötig hat, mit Fallmerayer bis auf den Berg Athos zu gehen, um bei den Hagion Orosmönchen Friede und Weltüberwindung zu finden – daß dies auch noch anderswo als »hinterwärts von Trapezunt« gefunden werden kann.

Der Hauptgegenstand der Unterhaltung war natürlich der im Schnee Verunglückte, und da erzählten sie mir, daß es vielfach vorkomme, daß einer bei Nacht im Schnee aus der Bahn verlaufe und so lang herum irre, bis er liegen bleibe; – und daß es auch sonst passiere, daß einer, auch ohne getrunken zu haben, eine ganz falsche Wegrichtung einschlage und hie und da, wenn er drei oder vier Stunden gelaufen, wieder da ankäme, von wo er ausgegangen – ohne zu wissen, warum und wie. Das habe aber seinen Grund gewöhnlich darin, daß es an solchen Orten »nit sufer sei« und daß dort »Einer umgoht«. In der Nähe von Egg geht auch so ein Geist um, der die Leute irreführt.

Da dies unbefugte Irrführen von Leuten im Polizeistaat unmöglich geduldet werden kann, so inquirierte ich alsbald genauer inbetreff dieses in meinem Amtsbezirk umgehenden Geistes, konnte aber nur so viel erfahren, daß derselbige den geisterhaften Namen »Meysenharts Joggele« führe, und daß seine amtliche Stellung im Geisterreiche darin bestehe, mit den Leuten von Egg und Umgegend – um einen Stettenschen Ausdruck zu gebrauchen – »Schindluder zu treiben«. Derselbe scheint also in der nämlichen Branche angestellt zu sein wie der Poppele von Hohenkrähen und der Rübezahl in Schlesien – ob er aber Unterstaatssekretär oder bloß vortragender Rat oder gar nur Assessor oder Volontär in diesem Departement ist, und woher er überhaupt stammt, und warum er seine soziale Position gerade hier gefunden hat darüber schwieg die Geschichte. –

Gegen 8 Uhr abends nahm ich von den Hauensteinern unter Versicherung gegenseitiger Hochachtung Abschied. Der Schlitten fuhr lustig von dannen; kurz vor Egg rasselten wir zwar an einen Feldstein an und brachen ein Stück von der Deichsel entzwei, allein das war bald repariert, und ich sah es als einen Tribut für den Meysenharts Joggele an.

Allein das war dem schnöden Geist nicht genug. – Immer weiter fuhr der Schlitten in die nebelgraue Schneenacht hinein, und immer ging's gleichmäßig eben fort, und der Postillon meinte, es gehe etwas lang, bis die Straße bergabwärts nach Säkkingen führe, – und immer geisterhafter ragten die Tannen da und dort und knarrte die Schneedecke, aber es ging immer noch nicht bergabwärts, und Säkkingen erschien nicht. Und immer kälter pfiff die Abendluft, und selbst dem Postillon ward etwas problematisch zumut, wie jenem Mann an der Kanderer Straße:

»Er chunnt vom Weg, er trümmlet hüst und hott,
Er bsinnt si: »Bin i echterst woni sott?«

und ich selber dachte verdammt wenig mehr an Elfen und Schneegeister und an das Rauschen der Schwarzwaldtannen und die Poesie einer nächtlichen Schlittenfahrt, sondern vielmehr an ein warmes Nest und einen Schluck Vogelbacher zum Schutz gegen Erkältung. Und nach beinahe zweistündiger Fahrt war's noch immer nicht bergab gegangen! Endlich schimmerte ein fernes Licht.

Columbus kann nach der Küste von San Salvador nicht sehnsüchtiger geschaut haben als wir nach dem Licht. Wir kamen vor der Behausung an, der Postillon trat heraus und randalierte, und *wer* kam hervor? *Wer* frag' ich! Das war der nämliche rote Tschoben und die nämliche Gestalt wie heute mittag, — das war der ganze leibhaftige alte Balthes Nicker von Willaringen; und wir hatten durch gütige Vermittelung des Meysenharts Joggele das Kunststück aufgeführt, von Egg in einem weiten Umkreise statt nach Säkkingen wieder nach Willaringen zu fahren, und die Matten waren noch nicht grüner und die Steuern noch nicht kleiner geworden, als uns der alte Balthes sein zweites »Willkommen« entgegenbrachte.

Mir aber war's, als ob der Meysenharts Joggele mit stillem Gekicher sich auf der Deichsel unseres Schlittens aufrichtete und folgende Standrede hielte: »Ersehet hiemit, hochweiser und gelahrter Doktor, wie weit ihr Menschen-Geziefer mit all eurer Weisheit kommt; da kutschiert ihr mit aller Sicherheit durchs Leben, und nach langer Irrfahrt kommt ihr doch wieder dort an, von wo ihr ausgegangen seid; da macht ihr Revolutionen, aber während das Ziel gerade vor euch liegt, fahrt ihr den Weg links, und nach ein paar Jahren Irrfahrt seid ihr wieder am alten Fleck und habt euch höchstens noch eine gelinde Erkältung zugezogen. Ersehet hieraus ferner, daß es noch viel zwischen Himmel und Erde gibt, wovon nichts in euren Kompendien steht, z.B. mich, den Meysenharts Joggele, — und wenn euch eure Lebensbahn, was noch öfter vorkommen wird, wieder einmal ganz anders wohin verschlägt, als wohin euer Dichten und Trachten war, so denkt an mich und an die Logik von uns kleineren Geistern und jungen Teufeln, die auch ihre Berechtigung hat. Im übrigen nehmt jetzt ein Glas Kirschenwasser zu euch und gehabt euch wohl, Herr Doktor!«

Ich meinerseits ließ mich auf den ersten Teil dieser Meysenharts Joggele'schen Standrede im Gefühl meiner

Souveränität nicht weiter ein, fand jedoch seinen schließlichen Rat so vernünftig, als wenn ich mir ihn selbst erteilt hätte, trank in stillem Grimm einen Bittern, sagte dem Bürger Postillon noch einige Grobheiten, ließ mir vom alten Balthes noch den germanischen Trost erteilen, daß es so trotz alledem besser gegangen sei, als wenn der des Wegs unkundige Postillon uns den Berg hinab nach Säkkingen gefahren hätte, da er auf der neuen Straße noch leichter hätte aus der Bahn kommen und uns das Vergnügen eines Sturzes in die Tiefe bereiten können; — und nach kurzem gedachte ich der weißen Zipfelkappe und des »Schlafe, was willst du mehr?«, legte mich samt dem Aktuario aufs Ohr und entschlummerte.

Des andern Morgens fuhren wir dann bei guter Stunde wieder weiter, mußten abermals zum Erstaunen unserer Freunde von gestern abend durch Egg, fanden diesmal den rechten Weg und hielten wohlbehalten nach herrlicher Bergfahrt unsern Einzug in der »getrewen und festen Waldstadt Säkkingen.«

Wie wir aber des Abends im Wirtshaus zu Säkkingen unsere Irrfahrten erzählten und sämtliche Gäste einverstanden waren, daß das lediglich dem Bürger und Geist Meysenharts Joggele zuzuschreiben sei, da schmunzelte der Amtschirurg Vogelbacher, der trotz seines Kultus der gebrannten Geister ein großer Rationalist ist, pfiffig und sagte: »Ach was Joggele! Was den Herrn Rechtspraktikanten nach Willaringen zurückgeführt hat, heißt nit Joggele, sondern Vreneli, und ist dem alten Balthes seine Tochter. Er hat sie am Mittag schon mit so großen Augen angeguckt, samt ihren kastanienbraunen Zöpfen, — mir geht ein Licht auf wie eine Pechfackel. Herr Knopfwirt, noch ein Gläslein!«

Und seit der schnöde Amtschirurg diese Hypothese aufgestellt hat, mag ich sagen, was ich will, so gibt's allerhand Biedermänner, die mit schlauem Lächeln die Achseln zucken, wenn von der Doppelfahrt nach Willaringen die Rede ist.

Auch daran ist noch der Meysenharts Joggele schuld!

Die moderne Lorelei

Ein Steuermann sitzet am Steuer,
Er seufzt und weiß wohl warum;
Eine alte versimpelte Leier
Brummt ihm im Schädel herum.

Das war eine schöne Donna,
Des Schiffskapitän seine Braut,
Der hat er mit allzuviel Wonna
In die blauen Augen geschaut.

Er steuert in schwerer Versimplung,
Das Schiff kracht mitten entzwei;
Da ersoff bis auf den Schiffsjung
Die ganze Kompanei.

Auch der wär' tot geblieben,
Hätt' er nicht schwimmen gekunnt.
— — Da sieht man, wie falsches Lieben
Die Menschen bringt auf den Hund.

Säkkingen, den 24. März 1850
(Worinnen vom Sankt Fridolinifest zu Säkkingen und dessen Ausgang, sowie von etzlichen anderen Dingen die Rede ist.)

Diesmal seid Ihr aber selbst schuld, liebwerte Frau Mutter, daß Ihr bis jetzt kein Schreiben und keine solenne Gratulation zum Josephstag samt obligatem Dank von mir erhalten habt.

Unter der Woche habe ich keine Zeit zum Briefschreiben; der praktische Jurist muß vor allem die Kanzleistunden einhalten (hat er ja sogar für die Liebe, wie's in jenem Liede heißt, nur Zeit von abends sechs Uhr an, und nachmittags von eins bis zwei); — und auf den schönen Feiertag am 19., wo ich Euch einen tiefgefühlten Gruß verfassen wollte, schickt Ihr selber mir eine wohlbestellte Wildbretpastete und schreibt dazu, ich solle sie mit einigen guten Gesellen zusammen verzehren.

Was bleibt mir übrig? Getreu dem Wink meiner Mutter, organisiere ich ein solennes Frühstück, lasse ein Fäßlein Bier dazu anschroten, und ein Wort gab das andere, und das Frühstück verlängerte sich bis tief in den Abend auf gründlich germanische Art, denn der weise Mann, sagt Börne, frühstückt zu jeder Tageszeit. Da war's mit dem Schreiben wieder nichts, sonst hätte ich an jenem Tag Dich versichert, wie diese zarte und einem tiefgefühlten Bedürfnis abhelfende Sendung mich von neuem nötige, Dir den Ausdruck meiner vorzüglichen Hochachtung zu Füßen zu legen.

Zum Glück für die Fortsetzung meiner Episteln ist aber heute gerade ein so epistolarisches Wetter draußen, daß ich mich ganz behaglich in meinen vier Wänden dem Schreiben ergeben kann; der Winter, der vor ein paar Wochen geträumt und sich den Frühling mit Schneeglöcklein und Schmetterlingen ganz hat über den Kopf wachsen lassen, ist wieder wild geworden und schüttelt die Schneeflocken ganz stürmisch durcheinander. Drum will ich Euch heut wieder etwas erzählen, und da weiß ich für diesmal nichts besseres, als Euch den letzten Sonntag vor 14 Tagen, wo in der hiesigen Stiftskirche und außerhalb das große Fest des Schutzheiligen Sankt Fridolin gefeiert wurde, vor den Augen vorüberzuführen.

Es war ein heller, blauer Sonntagmorgen übers Rheintal aufgegangen, als schon in der Frühe Böllerschüsse und Glockengeläute das Fest des Schutzpatrons verkündeten. Und allmählich füllten sich die Straßen von Säkkingen und vor allem der Platz vor der Stiftskirche; vom Wald herab kamen die Hauensteiner und andere »Wälder« gestiegen, und was im Rheintal unten wohnt, und aus der Schweiz drüben, vom Fricktal und aus dem Aargauischen kam's herbeigeströmt, und in der fremdartigen Tracht manches Maidlis oder Biedermanns war zu erschauen, daß auch entferntere Bezirke, Lörrach, Müllheim usw. ihre Mannschaft stellten. Und in buntem Gewimmel wogte da die Menge auf dem Marktplatz auf und ab; — keine Offenburger Versammlung mit Bassermannischen Gestalten, Heckerbärten und die schwanke Hahnenfeder auf dem Schlapphut, lauter friedliches Landvolk im Sonntagsgewand. Da waren meine guten Freunde, die Wälder, im roten Tschoben und schwarzen Samtrock, und mancher schmucke Bursch war drunter, wie selbiger beim Hebel:

»Aber schöner as er isch kein dur's Wiesetal gewandlet,
Chrusi Löckli hat er g'ha un Auge wie Chole,
Backe wie Milch und Bluet un rundi, chräftige Glieder.«

Denn der Wälder setzt seine Ehre drein, wenn er bei

festlicher Gelegenheit auswärts erscheint, sich aufs feinste herauszustaffieren; und der elegante Mann im Hauensteinschen hat außer dem Werktags- und Sonntagskostüm noch ein drittes, welches in der merkwürdigen Sprachweise das »Näumeshingewand« heißt, – das »Irgendwohinkostüm«, resp. das, was er anzieht, wenn er irgendwohin in die Stadt geht und sich sehen läßt; und der »Näumeshinrock« ist gewiß vom besten Samt und darf kein Stäublein darauf sitzen, und das »Näumeshinhemd« ist am feinsten gefältelt und der krause Hemdkragen schmucker als alle andern.

Und auch die Maidlin vom Wald schauten gar vergnüglich mit ihren Pechkäpplein, langen Zöpfen, kurzen Miedern und vielfarbigen, vielfaltigen Röcken in die Welt hinaus und haben gewiß manche malitiöse Bemerkung über das abnorme Kostüm der andern Damen gemacht, denn da waren auch noch Müllheimerinnen und Fricktälerinnen mit der großen Bandschleife an der Haube, von welcher, sowie von den Zöpfen aus, ein ganzes System von langen Bändern im Wind herumflog, wie bei einem Admiralsschiff, das alle Flaggen aufgezogen hat.

Zwischen all den Gestalten ragte aber auch manche im verzwickten halbstädtischen Kostüm heraus, im ehrwürdigen, vorsündflutlichen Spitzfrack und im zylinderförmigen Filzhut, an denen ich mein Wohlgefallen weniger hatte.

Um 9 Uhr läutete es mit allen Glocken, und da strömte die ganze Menge in die Stiftskirche, und Kopf an Kopf gedrängt stand alles in der weiten Fridolinikirche, und kaum merkte man, daß die Gesellschaft, die noch draußen hin und her wogte, abgenommen hätte. Als frommer Mann ging ich auch hinein auf die Emporkirche, wo die ganze Stadtmusik zum musikalischen Hochamt bereit war und mein guter Freund, der Bürgermeister von hier, gar schön die Orgel spielte.

Zuerst kam eine gewaltige Predigt, — dazu hatten sie einen eigenen Festreder von weither verschrieben — der donnerte und blitzte gegen das Treiben der Welt und die Hoffart und Freischärlerei und zeigte am Exempel Fridolini, der seinen irländischen Prinzentitel und allen Ruhm und heidnisches Wissen an den Nagel gehängt hatte, um zu Säkkingen das Evangelium zu predigen, was wahre christliche Größe sei, und polterte und lärmte und schlug die Kanzelbretter schier entzwei und sprach sich zuletzt ganz heiser; o Fridolinus, Friedensprediger, zu deinen Ehren ward mit Pauken und Drommeten Krieg gepredigt! Aber die Menge lauschte lautlos; der Redner wußte wahrscheinlich besser als ich, was man hiezulands für eine Sorte geistlichen Tabak rauchen muß.

Dann kam das feierliche Hochamt, und gar lieblich rauschten die Töne der alten Kirchenmusik und der Gesang durch die hohen Räume; — und mancher verklungene Klang aus alten Zeiten ward wieder wach in mir; — trotz alledem und alledem bleibt's wahr, daß der katholische Kultus etwas Mark- und Beindurchschütterndes hat und behalten wird bis ans Ende der germanischen Weltgestaltung.

Und gegen 11 Uhr wurde in feierlicher Prozession der Sarg mit den Reliquien Fridolini über den Platz und um die Stiftskirche herumgetragen, voraus die weißgekleideten Mägdlein von Säkkingen mit der großen Madonnafahne, dann die Kirchenältesten und die Geistlichkeit in Pontificalibus, und der Bürgermeister, trotzdem er auch ein halber Ketzer ist, trug auch gar frömmiglich die weiße Kerze, und sogar die preußische Militärgewalt hatte 30 Jäger in Paradeanzug mit großem, schwarzem Reiherbusch auf der Pickelhaube zur Begleitung der Prozession beigeordnet.

Und langsam bewegte sich der Zug durch die dichtgescharten Massen Volks, die so gedrängt auf dem Platze standen, daß man auf den Köpfen hätte spazieren gehen können; — und an der alten Fridolinslinde vorüber, wo sich einst Fridolinus trübselig unter freiem Himmel schlafen gelegt hatte, weil ihn der damalige Wirt zum goldenen Knopf, ein schnöder Heide, zur Herberge hinausgeworfen hatte, um die Kirche herum, und feierlich war's anzuschauen, wie alles mit entblößtem Haupte die Knie bog, als schließlich der Segen erteilt wurde. Dann aber ward ein fröhlicher Tusch geblasen, und man zerstreute sich.

Wie sich die versammelte Menge die Weltentsagung zu Herzen genommen hat, die ihnen der gewaltige Prediger gepredigt, wird später noch erhellen; vorerst ging's nach germanischer Sitte nach allen Seiten hin in die Wirtshäuser. —

Ich selber feierte den Fridolintag noch weiter. Den deutschen Grundrechten gemäß, welche die Kirche freigegeben haben, habe ich mir meine eigene Kirche gebaut und meinen eignen Kultus gestiftet, und der haust nicht innerhalb vier geweihter Wände allein, sondern weiter. Aus allem Menschengewimmel und törichtem Treiben gehe ich, wenn mir's zu bunt wird, hinaus in den Tannenwald oder steig' auf Bergeshöhen und hör' dem Moos zu, wie es wächst, und der Lerche, wie sie in blaue Lüfte schmetternd steigt, und wer die Augen am rechten Fleck hat, der sieht in der Natur, in dem »Geist in seinem Anders sein« gar manches, wovon nichts in den Kompendien der Theologen geschrieben steht, und es kommt wieder Harmonie und ein Hauch des Absoluten ins zerrissene Herz.

Und man braucht kein Nibelungen-Siegfried und mit Lindwurmblut gefeit zu sein, um zu verstehen, was die Tannen rauschen und die Vögel miteinander sprechen; *Das* A-B-C kann jeder lernen, und wer mir's leugnet, den würde ich an einem blauen Abend von hier auf den Eggberg führen, wo die ganze Kette der Schweizer Alpenriesen vom Säntis an bis in die Berner Alpenhörner und Gebirgsstöcke hinein in glührotem Duft vor ihm steht und tief unten der grüne Rhein in ewig gleichem Rhythmus die Wellen weiterträgt – wer das gefunden hat, kann vieles missen, was andere zum Seelenheil für unentbehrlich halten! –

So ging ich also am Sonntagmittag wieder hinaus in den Wald; und am Fuß des Eggbergs liegt, im Tannendunkel versteckt, ein gar stiller, lauschiger Bergsee; an dessen Ufern setzte ich mich auf ein Felsstück und ließ die Gedanken allerhand träumerische Sprünge machen. Jedoch, die Poesie hat ihre Zeit, das Biertrinken hat aber auch seine Zeit. Es kam des Wegs daher der biedere Aktuarius, der den Spruch »Sei mir heute nichts zuwider!« auf seinem Wappenschild führt, und meinte, das sei ein sonderbarer Ort, um den Nachmittag des Fridolinifestes zuzubringen; erstens sei's noch feucht, zweitens quakten die Frösche; – er seinerseits wallfahre nach Wehr in den großen Bierkeller.

Der Aktuar ist ein realer Mann; ich sprach deshalb: »Sei mir heute nichts zuwider!« und ging mit ihm nach Wehr.

O du schöne Landstraße am Abend des Fridolinifestes! Die lebte und wimmelte von heimwallenden

Fridlinspilgrimen. Aber wehe! wehe! wo war die Weltentsagung? wo die christliche Askesis?

Mancher war unter ihnen, der basislos und krumm nach Hause wankte, und von manchem hieß es wie in Schillers Glocke:

Wehe, wenn er losgelassen,
Wackelnd ohne Widerstand
Durch die volksbelebten Straßen
Wälzt den ungeheuren Brand.

Aber alle waren sie noch erbaut von der gewaltigen Predigt. Der alte Schmied von Niederschwörstadt, der sich uns anschloß, und bei dem der Begriff auch ein weniges verwirrt war, meinte: das sei ein strenger Prediger, der könne es gut verkaufen, was er studieret habe (damit meinte er den energischen äußern Votrag), der neu Vikari in Säkkingen habe zwar des nachmittags auch noch gepredigt, aber da habe ihn »ein bizzele Schlaf überchommen.«

Und im Bierkeller zu Wehr erst! Da saß der alte Dekan von Wehr, ein Wessenbergianer, der mit den neuen Eiferern und Missionsstiftern nicht auf bestem Fuße steht, und herein kam gewankt – der leibhaftige Hildebrand und sein Sohn Hadubrand, ein alter Gemeinderat von Wehr mit seinem Sohne, die förmlich auf allen vieren heimkrochen; aber der alte Hildebrand setzte sich zum Dekan und erzählte ihm die ganze Predigt wieder und gab ihm gute Lehren, »so müsse er auch werden, und eine Mission müsse er in Wehr abhalten, und ein anderer Lebenswandel müsse geführt werden in der Gemeinde«; und der Alte sprach sich mit solchem Feuereifer wieder halbwegs nüchtern und erbaute noch die übrigen, sein Sohn Hadubrand aber saß in stiller Würde steifgetrunken da, und vergebens taten der Aktuar und ich das Gelöbnis, beim ersten Wort, das dieser fromme Pilgrim spräche, einen halben Schoppen zu trinken, — der Eindruck des Festes hatte seine Zunge gelähmt, er konnte nur noch durch Nicken aussprechen, daß er seinem Vater in allem beistimme.

In unserer Art ebenfalls erbaut, verließen wir die Stätte. Aber unterwegs steht noch ein ander Wirtshaus, wo ich nie vorübergehe, ohne nachzusehen, wie's mit dem Grenzacher Achter steht. Das ist das alte Brennetwirtshaus bei Öflingen, eine geschichtliche Kneipe, wo schon seit Jahrhunderten die Fuhrleute einkehren, wo schon vor Jahrhunderten, wie ich aus alten Akten ersehen habe, Nachtwächter geprügelt und fremde Bursche beim Tanz hinausgeworfen wurden.

Für solche Räume habe ich eine angestammte Pietät —, in ihnen ist beim guten Trunk auch manch gutes Volkslied gewachsen und in die Welt hinausgejauchzt worden. Heute wollten wir auch dort noch die Fridlinspilger schauen und Studien an Lebenden machen. O du schönes Brennetwirtshaus am Abend des Fridlinifestes! Da saßen sie in langen Reihen und freuten sich, wie homerische Helden, des Trunks und lieblich duftender Speisen; — und eine Prämie vom besten Faß Norsinger auf 10 Nüchterne gesetzt, man hätte sie so wenig finden können als der Engel die 10 Gerechten in Sodom. An einem Tische saßen drei wackere Fuhrleute. — Fuhrleute, ein Schlag Menschen, die nächst den Hausknechten sehr hoch in meiner Achtung stehen! Prächtiges Leben, so auf der Heerstraße landauf landab fahren, einen Strauß am Hut und bei den Kellnerinnen wohlgelitten und manchem Hausknecht innig befreundet; und des Abends in der Schenke, wenn sie's einander zubringen:

Stallbruder mein! Du bist wohl wert,
Daß man dich auf'm Altar verehrt,
Hast ein paar Wängelein
Wie ein Rubin,
Augen wie Schwarzenstein,
Zähne wie Elfenbein,
Bist ein gar kluger Kerl, –
Wie ich es bin.

Wie gesagt, ich liebe die Fuhrleute! Und wie germanisch die drei ihren Abendimbiß verzehrten! Den Ellenbogen auf den Tisch gestützt, vor ihnen eine Schüssel, riesenhaft mit Koteletts gefüllt, da stach jeder mit der Gabel hinein und sich ein ganzes Rippenstück heraus, und zum Mund geführt, die Gabel weg und am Knochen das Stück gehalten und abgenagt: – was ist alle Kultur und Form gegen diese primitive Fuhrmanns-Ursprünglichkeit?

Am andern Tisch saßen die ledigen Burschen mit den Maidlin, und da wurde gesungen, daß es eine Freude war, und aus viel modernem Geleier schaute da und dort noch eine rechte Metallstufe vom Volkslied heraus, und mein polizeiliches Gemüt ward nicht bös, als einer sang:

Hab' all mein Tag kein gut getan,
Hab's auch noch nicht im Sinn;
Die ganze Freundschaft weiß es ja,
Daß ich ein Unkraut bin.

Und die andern dachten daran, daß nächstens die Ziehung zum Militär sei und sie vielleicht im nächsten Jahr in Prenzlau oder Neu-Ruppin sitzen müssen, wo es kein Fridlinifest und kein Brennetwirtshaus, keinen Grenzacher Weißen und keine kurzaufgeschürzten Wäldermaideli gibt, und ein anderer sang:

Und mein Vater hat's g'sagt
Und mein Mutter hat's denkt
Und Soldat muß i werden
Beim ersten Regiment –
Und zwei Kreuzer den Tag!
Daß ein Kreuzdonnerwetter
Vom Himmel drein schlag!

Daß es bei Fuhrleuten und ledigen Burschen mit Sang und Trunk hoch herging und mancher sich ein gedoppeltes Selbstbewußtsein antrank, war erklärlich, trotz des Fridlinitages. Aber wer saß am dritten Tisch? Wer brummte auch ganz vergnüglich zu all den Schelmenliedlein drein und blies ein Schöpplein Grenzacher nach dem andern trotz des Fridlinitages? Wehe! wehe! es war unser würdiger Freund, der Herr Pfarrer von Öflingen; und auch er hatte dem ehrlichen Fridlin zu Ehren des guten zuviel getan! Der See und der Fridlinitag muß seine Opfer haben! Und er wollte uns noch eine Sage vom Harpolinger Schloßfräulein erzählen, – aber er brachte sie nimmer zusammen, die Schloßmauern schwankten, die Berge bewegten sich – es blieb beim schwachen Versuch. –

Was Wunder, daß am End' auch das Bezirksamt Säkkingen etwas angeheitert nach Hause ging, und wenn durch die mondhelle Nacht noch manch helles Juchzen heimkehrender Pilger vom Eggberg herab und weit hinten im Wald her zu uns hernieder schallte, so hielten der Aktuar und ich es für unsere Schuldigkeit, den Gruß mit gleichem Juhuuu –!! zu erwidern; was wir vielleicht an einem andern als am Fridlinitag nicht ebenso energisch getan hätten.

Also verklang mit hellem Juhuuuu! der 10. Märzen 1850, der Tag des heiligen Fridolinus.

Als wir aber ein paar Tage später mit dem Pfarrer von Öflingen zusammentrafen und ihn baten, die Geschichte vom Harpolinger Schloßfräulein fertigzuerzählen, und als er am schiefgezogenen Mund des Fragenden merkte, daß das ein Stich auf seinen Seelenzustand am Fridlinifest sein sollte, da erwiderte er ernst und würdig: »Sie werden mir doch keinen Vorwurf machen wollen, bin ich doch weder mit der Fridliniprozession gegangen, noch hab' ich eine so gewaltige Predigt gehalten wie einst der Herr vom Sinai unter Sturm und Gewittern; aber daß der Säkkinger Festredner selber, der noch am selben Tag heimfahren wollte, sich in Kleinlaufenburg festgetrunken hat, das kommt mir ein bissel arg vor!« –

Soviel vom Fridolinifest. Was bleibt auch viel anderes übrig, um sich daran zu erquicken, als unser Volk, wie es leibt und lebt, und die Natur draußen. Oder hätt' ich Euch erzählen sollen, wie die langweiligen Bürgermeister und Staatsbeamten hier zusammenkamen und so einmütig und stillzufrieden nach Erfurt wählten, als wenn dort der Lebensbalsam für Altdeutschland geschaffen würde? oder wie ich selber, eine wahre Ironie auf mich, in meiner Höhle hause und im Namen des Rechts und der Ordnung Leute einsperre? – das behalte ich lieber für mich und sag's niemand weiter. –

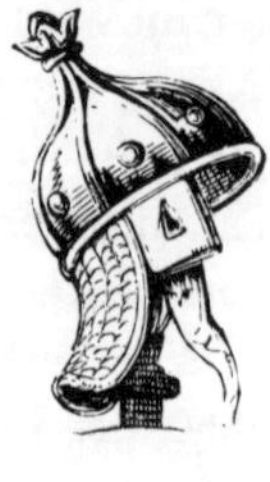

Kunz von Kauffungen

Kunz von Kauffungen mit *zween* Rittern
Saß in der Waldschenk' und trank einen Bittern.

Da besoff sich einer von den Rittern,
Fiel untern Tisch, daß die Wände zittern.

Kunz von Kauffungen mit *einem* Rittern
Saß in der Waldschenk' und trank einen Bittern.

Da besoff sich der andre von den Rittern,
Fiel untern Tisch, daß die Wände zittern.

Kunz von Kauffungen *ohne* die zween Rittern
Saß in der Waldschenk' und trank einen Bittern.

Kunz von Kauffungen *ohne* die zween Rittern
Fiel endlich selbst ab – die Wände zittern.

Kunz von Kauffungen mit *zween* Rittern
Lag unterm Tisch, besiegt vom Bittern.

Da erholt sich einer von den Rittern,
Saß in der Waldschenk' und trank einen Bittern.

Kunz von Kauffungen mit *einem* Rittern,
Schnarcht unterm Tisch, daß die Wände zittern.

Da erholt sich der andere von den Rittern,
Saß in der Waldschenk' und trank einen Bittern.

Kunz von Kauffungen *ohne* die zween Rittern
Lag unterm Tisch, daß die Wände zittern.

Endlich erholt sich Kunz wie die zween Rittern,
Saß in der Waldschenk' und trank einen Bittern.

Kunz von Kauffungen mit *zween* Rittern
Ließ nach diesem Vorfall die Pferde füttern.

Kunz von Kauffungen mit *zween* Rittern
Ritt nach Chemnitz und trank einen Bittern.

Da besoff sich einer von den Rittern . . .
usw. in infinitum wie oben.

Säkkingen, den 28. April 1850

(Worin von einem sonderbaren Thema, nämlich von der Poesie der Polizei die Rede ist.)

Es gibt allerlei sonderbare Wahlverwandtschaften; gewöhnlich meint man, daß Juristerei und Poesie nach verschiedenen Weltteilen hin auseinanderlägen; Jakob Grimm aber hat schon nachgewiesen, wieviel Poesie im Recht liegt, und wer die altdeutschen Rechtsbücher und Weistümer liest, der stimmt mit ihm überein. Über die Poesie in der Polizei dagegen hat bis jetzt die gelehrte Welt keine Aufschlüsse erhalten, vielleicht nichts davon geahnt; ich benutze den nebligen Sonntag heute, um diese fühlbare Lücke in der Literatur auszufüllen, – es dient zugleich als nähere Aufklärung über meine »gesellschaftlichen Umgangs- und sonstigen Verhältnisse«, für die sich Vater in seinem heutigen Schreiben näher interessiert.

Ich hab' schon oft darüber nachgedacht, welcher Ironie des Schicksals ich antipolizeiliches Gemüt es zu verdanken habe, daß ein Hauptteil meiner hiesigen Tätigkeit in der Besorgung der Polizeigeschäfte besteht, – und hab' mich zuletzt dabei beruhigt, daß es eine diesseitige Nemesis gibt, und daß mir dadurch der große, polizeiwidrige Unfug vergolten wird, den ich als Heidelberger Student mit Nachtschwärmen, Laterneneinwerfen, Kirchhofmauerndemolieren, Leuteerschrecken usw. verübt habe. Wie ich aber neulich am Schluß des Vierteljahres die Tabelle über sämtliche Polizeiuntersuchungen aufstellte, da ward mir klar, daß auf der Schaubühne meiner Amtshöhle schon manches Stück realer Poesie an mir vorübergegangen ist, und warum sollte es nicht? Polizei und Poesie sind eigentlich in ihrem Gegenstand identisch, – beide haben es mit den Abnormitäten des Lebens, mit dem über die breite Heerstraße des Gewöhnlichen Ausschweifenden zu tun; nur ist die Behandlungsweise etwas verschieden; ein und derselbe Gegenstand kann vom polizeilichen Standpunkte bei Wasser und Brot in den Turm gesteckt und vom dichterischen mit lyrischen Flötentönen verherrlicht werden.

Wenn ich Euch ein paar Gestalten aus meinem offiziellen Umgang vorführe, so wird Euch deutlich werden, in welch gewählter, poesiereichen Gesellschaft ich mich bewege. — Also — was bringt der Gendarm heute für ein »Subjekt?« Ach Gott, wie klaffen die Schuhe, wie ungeniert sehen die Zehen durch die Lücken des Schuhs und die Ellenbogen durch die unfreiwilligen Öffnungen des Ärmels in die Welt hinaus! Und was für ein stillvergnügtes Gesicht macht das Subjekt!

Was ist sein Verbrechen? »Zweckloses Umhertreiben!« Landauf, landab ist er gefahren und hat eigentlich selbst nicht gewußt, warum, — die weite Welt ist eben so schön — und wo unser Herrgott an einem Wirtshause mit dem Arm winkt, da ist er eingekehrt, und einen Heimatschein hat er nicht, den hat er dem schnöden Wirt als Pfand für die letzte Zeche, die er nicht zahlen kunnte, zurücklassen müssen. Und was kann er dafür, daß ihm das Trinken besser schmeckt, als das Arbeiten, und daß er dem Spruch folgt: »Lieber ein' leeren Darm als einen müden Arm!« — Zweckloses Umhertreiben! Wie oft hat sich der Polizeirespizient als fahrender Schüler selber aufs zweckloseste umhergetrieben und möchte jetzt lieber die Aussagen des Inkulpaten so zu Protokoll diktieren, wie es jenes liederliche Brüderlein ins Knaben Wunderhorn gesungen hat:

Und weil ich nun gegessen hatt', da sollt' ich auch bezahlen,
Da fragt' ich, was die Mahlzeit kost', da sprach der Wirt: Ein Taler!
Ei Mutter Gottes ja,
Maienblümlein bla –

Da hatt' ich keinen Taler. –
Der Wirt der zog mein Röcklein aus
Und jagt mich in die Scheune.
Ei Mutter Gottes ja,
Maienblümlein bla –

Wie lang war mir die Weile!
Und als es gegen Morgen kam, da träufelt's von dem Dache
Ei Mutter Gottes ja,
Maienblümlein bla –

Da mußt ich selber lachen.
Und als es gegen Mittag kam, da zog der Wirt mir's Käpple aus
Und jagt mich auf die Straßen.
Und als ich auf die Straße kam, – die Schuh war'n sehr zerbrochen,
Ei Mutter Gottes ja,
Maienblümlein bla –
Da lief ich auf den Socken.

Leider muß das biedere Subjekt bei Wasser und Brot in den Turm, – die Poesie verhüllt ihr Antlitz und trauert. – Rrr – ein ander Bild! Ein anderes »Individuum« wird vorgeführt.

Verbrechen? – Widersetzlichkeit gegen die öffentliche Gewalt. Das »Individuum« ist auf dem Markt zu Säkkingen gewesen, – und wozu ist denn der Markt in Säkkingen anders da, als daß man sich vor dem Nachhausegehen einen ungeheuren Brand trinkt? Und was kann das »Individuum« dafür, daß sich aus diesem Vordersatz die logische Konsequenz entwickelte, daß es im Straßengraben »ungern zwar, doch weichend dem schwarzen Verhängnis« liegen blieb? Und wie das »Individuum« vom Gendarmen herausgezogen ward, da hat es vom Gendarmen verlangt, jetzt solle er die Wohltat auch vollständig machen und ihm die Stiefel ausziehen, denn die seien voll Wasser, und mit Stiefelausziehen befasse es sich ebensowenig als mit Marschieren in durchnäßten Stiefeln. Und wie der Gendarm diese gerechte Anforderung mit Indignation abwies, da ward das »Individuum« auch von Indignation erfüllt und schlug seinem Lebensretter mit dem Stechpalmstock »eines« herüber: O weh, auch dieser trunkene Logiker muß ab in Turm und brummen!

Wer kommt jetzt? Da wimmelts mit Gestalten: Männer und Frauen, ehrliche Vagabunden, Kesselflicker, Korbflechter, Geschirrhändler, Trödler, Zundelfrieder, Bürstenbinder und andere Strolche, die wollen ihre Paßbüchlein visiert haben und Bewilligung zum Hausieren. Die haben so eine scheinbare Legitimation zum zwecklosen Umherziehen, eigentlich fahren sie auch, ohne zu wissen warum, in der schönen Welt herum. Und wenn sie erst ein Fuhrwerk bei sich haben, o ehrwürdiger Schimmel,

Ei du bist noch wohlgestalt,
Bist nit zu jung, bist nit zu alt,
Du bist mit meinem Weib geboren,
Hast erst den zehnten Zahn verloren,
Zieh, Schimmel, zieh!

Ab mit euch! Jetzt wird wieder einer vorgeführt. O du Gestalt voll Abgerissenheit und Durstes, voll ehemaliger Landstraßenpoesie und moderner, schiefgewickelter, sozialer Demokratie, — deutscher Handwerksbursche, alter Bruder Straubinger, müssen wir uns so wiedersehen?! Vin ich nicht dereinstmals mit dir auf gleicher Heerstraße gezogen, hab' mit dir gesungen und getrunken, — und jetzt muß ich dein böser Dämon sein! Aber dir geht's wahrhaftig tragisch; und die Lyrik hört auf! Warum hast du dich ins politische Drama hineingeworfen und statt Rosen und Gelbveigelein die rote Feder an Hut gesteckt? Warum bist du in der Schweiz bei den Arbeitervereinen gewesen? Du erliegst einem tragischen Geschick. Aus der Schweiz haben sie dich ausgewiesen, und aufs badische Gebiet läßt man dich nicht herein ohne gehörigen Ausweis; jetzt wirst du vom Gendarmen wieder auf die Rheinbrücke zurückgeführt.

Aber das Drama hat mehrere Akte. Nach einer halben Stunde bringt dich der Schweizer Landjäger wieder und setzt dich auf der badischen Brückenseite abermals aus; — und der Gendarm wartet nur, bis es dunkel geworden, dann führt er dich abermals hinüber und setzt dich im Kanton Aargau an die Luft, — und so kann's bis an Jüngsten Tag gehen, du kommst nicht herüber und nicht hinüber, — armer Bursche, sie haben dich einmal von China bis Breslau auf dem Schub heimtransportiert, aber das ist eine Kleinigkeit gegen diese Situation!

Noch ein Arrestant! Auch der Wald liefert sein Kontingent. »Unter den hauensteinischen Sitten, deren Heimat freilich nur noch das Hochland ist, trägt noch manche das Gepräge der mittelalterlichen Symbolik« (Badenia I, 28). Da bringen sie so einen Wälder Symboliker. Johann Frommherz ist's, des grauen Hansen Langer von Bergalingen. An ihm kann man halt wiederum sehen, was falsche Liebe tut.

Auf dem Wald oben wachsen die Prügel wild, wie die Rosen des Feldes. An jedem Sonntag wird geprügelt; wenn der Sohn heimkommt, fragt ihn der Vater: »Ist etwas gegangen«, d.h. hat's ordentlich Schläge abgesetzt? und wenn der antwortet: »Es ist nüt gegangen«, so schüttelt der Alte das Haupt und sagt: »Zu meiner Zeit war's anders!« — Dies trägt allerdings das Gepräge der mittelalterlichen Symbolik, und Johann Frommherz ist ein Wälder von altem Schrot und Korn – auf der Amtsregistratur liegen Berge von Akten von ihm; leider haben sie nicht den Titel »Des Johann Frommherz symbolische Bücher«, sondern »In Untersuchungssachen wegen Mißhandlung, Verwundung usw.«

Was hat denn der alte Streithahn jetzt wieder gefrevelt? Ach, es ist so einfach, so homerisch, daß nur die Poesie, die in der Polizei steckt, seine Arretierung veranlaßt haben kann. Da sind die ledigen Burschen von Altenschwand alle Augenblicke nach Bergalingen gekommen und haben den dortigen Maidlin viel Schönes gesagt, und ein Altenschwander Paris hat eine Bergalinger Helena auf dem Tanz ihrem einheimischen Menelaos abspenstig gemacht.

Was ist natürlicher, als daß auf dem Wald ein Trojanerkrieg ausbricht? Da hat der alte Frommherz wie einst der gerenische reisige Nestor die Bergalinger Burschen gesammelt, und mit Prügeln wohlbewaffnet zogen sie aus und lieferten den Altenschwandern eine Feldschlacht, an der die Götter im Olymp ihr Wohlgefallen haben mußten; – und keiner prügelte so wie der lanzenkundige Frommherz, und die Altenschwander entliefen, einige aber waren so zugerichtet, daß sie auf der Walstatt liegen blieben. Johann Frommherz – warum hast du nicht vor 3000 Jahren gelebt? Du hättest dann statt den Polizeiinquirenten am Bezirksamt Säkkingen einen Homer gefunden!

Fortsetzung, den 2. Mai 1850

Nach diesem Stück Epos vom Wald kommt ein Stück Lyrik, ein Dorfgeschichtlein. Da steht ein Bürschlein von Wieladingen, das schaut so schüchtern drein, als wenn es eine Zentnerlast auf dem Herzen hätte; aber es

»weiß von nüt«, es hat nichts gefrevelt. Wart, Bürschlein, man nimmt eine Konfrontation vor und stellt dir einen Zeugen zu deiner Überführung gegenüber! Und was für einen schmucken Zeugen; — ein rotwangiges Wäldermaidlin mit kurzem Mieder und schwarzem Pechkäpplein. »So, Maidlin, sag's ihm selber ins Gesicht, was er getan hat!« und das Maidli schlägt die Augen nieder und wird rot und will nicht recht mit der Sprache heraus. »Frisch, sag's ihm!«

»Bist du nicht in der Nacht vom Fridlinifest vor mein Fenster gekommen und hast mir einen gar schönen Gruß heraufgerufen, und bist du nachher nicht heraufgeklettert und hast zu meinem Fenster hereinsteigen wollen? Und hab' ich dir nicht gesagt, du sollest drunten bleiben, du böser Bub? Und wie du halt doch hast hereinsteigen wollen, hab' ich's Fenster zugemacht und dir die Finger eingeklemmt, so daß du hast müssen »abi keien« wie ein Mehlsack. Und hast du nachher nicht geflucht wie ein Türke und einen Bengel genommen und alle Scheiben am Haus eingeschlagen?«

O weh, o weh, das ist auch wieder eine Sitte, die noch ärger ist als mittelalterliche Symbolik! 's ist verdammt unchevaleresk von dem Burschen, aus gekränkter Liebe seinem Schatz alle Fenster einzuschlagen; — aber das Pärlein ist so schön, und das Maidlin selber hat gar keinen Zorn auf den bösen Buben — wie soll ihn der Polizeirichter strafen? Die Liebe geht ihren eigenen Weg, die Liebe sollte von Rechts wegen auch an den Wänden hinaufklettern und Scheiben einschlagen dürfen! Zum Glück ist auch die deutsche Beweistheorie galant.

Ein Zeuge liefert keinen vollen Beweis; folglich wird der Fenstereinschlager für klagfrei erklärt; und wie ihm der Richter das Urteil eröffnet, fügt er noch die strenge und gemessene Weisung bei, daß er hinfüro seinen Schatz nur bei Tag besuchen solle, und beruhigt sich bei dem Gedanken, daß er einen Schuldigen weniger in den Turm gesteckt hat, dadurch, daß sein Spruch vielleicht im Herzen eines Wälder Maidlis einen dankbar frommen Glauben an die Gerechtigkeit der Polizei befestigt.

Auch ein paar Bursche aus dem Rheintal stehn als arme Sünder vor den Schranken des Gerichts; 's sind sonst seltene Erscheinungen vor dem polizeilichen Forum, die Rheintäler, ein fischblutiges, philisterhafteres Geschlecht im Vergleich zu der waldursprünglichen Roheit der Hauensteiner. Aber die drei langen Gesellen von Oberschwörstädt sind diesmal dem schwarzen Verhängnis verfallen. Streng inquiriert der weise Doktor Josephus nach ihrem Verbrechen, und sie bemerken nicht, daß er manchmal krampfhaft auf die Lippen beißt oder seitwärts schaut, um nicht hellauf zu lachen; – nein, sie erzählen ganz schwermütig ihr Unrecht und meinen am Ende selber, es sei eine Sünde gewesen. – Zu größerer Erbaulichkeit der Gemüter haben die Militärbehörden im Verein mit den Bezirksämtern alle öffentlichen Aufzüge, Maskeraden usw. am Aschermittwoch aufs strengste verboten, und was haben diese Bummler zu Schwörstädt getan? Vom Fastnachtsdienstag abend bis Aschermittwoch früh sind sie gar nicht zu Bett gegangen, sondern haben getanzt und gejubelt wie die Lerchen, und am Aschermittwoch haben sie den Frühschoppen für permanent erklärt, und wie allmählich des Katzenjammers sanfte Macht über sie kam und moralische Betrachtungen aus den vielfach geleerten Schoppen aufstiegen, da haben sie beschlossen, dem Aschermittwoch und seinem Memento mori einen wehmütigen Kultus zu veranstalten, und haben einen Strohmann angefertigt und haben sich lange Leintücher umgehängt und sind mit leeren Schoppengläsern unter Trauergesängen hinausgezogen durchs Dorf und haben dort den Strohmann, »die alte Fastnacht«, begraben oder verbrannt, und der Hauptschalk hat noch eine ergreifende Leichenrede dazu gehalten. Ihr armen Teufel, da gibt's keinen Pardon; ihr habt nicht gewußt, daß der Dienst der Fastnacht wie der der Freiheit ein harter ist; der Buchstabe will sein Recht, und Knoblauch, der Gefangenwärter, muß sein Opfer haben. Ab in Arrest! Möge euch der Gedanke versöhnen, daß um die Lippen des Richters, der euer Urteil sprach, ein gewisses Etwas schwebte, woraus ein sachkundiger Mann den Wunsch herauslesen konnte: »O wäre ich lieber bei euch und dem Begräbnis der alten Fastnacht und bei dem mir in Säkkingen fast zum Mythus gewordenen Frühschoppen gewesen, anstatt auf meiner Amtshöhle zu sitzen und geduldiges Papier mit schnöden Beschlüssen zu quälen!«

In bunten Reihen folgen die wechselnden Gestalten aufeinander. Jetzt hab' ich's wieder mit ein paar finsteren, trotzigen Gesellen vom Wald zu tun, bei denen jeder Blick und jedes Wort ein Protest gegen den Staat Baden im allgemeinen und die Polizeigewalt insbesondere ist. Das sind *Salpeterer*, die wie eine Erinnerung aus alter Zeit in die preußisch gefärbte Gegenwart hereinragen; — Ein Stück fossil gewordener Bauernkrieg. Die Wälder haben harte und zähe Schädel; was sie einmal gefaßt und sich zurechtgelegt haben, das bleibt Jahrhunderte lang sitzen. Deshalb sind ihre Vorfahren auch lange Zeit versteinerte Heiden gewesen, wie St. Fridolinus schon lange unten im Rheintal das Kreuz aufgepflanzt hatte, und deshalb gehen jetzt noch ihre alten Traditionen von der reichsunmittelbaren Grafschaft Hauenstein und dem Grafen Hanns von Hauenstein, der seiner Zeit wieder erstehen und die alte goldene Zeit, wo sie niemand über sich haben werden als den Kaiser im Weltlichen und den Papst im Geistlichen, herstellen würde, leibhaftig auf dem Wald herum, und die echten Salpeterer, so genannt vom ehemaligen Salpeterhans Fridolin Albiez, dem Anführer im Kampf gegen das Stift St. Blasien, erkennen die badische Staatsgewalt, Amt und Pfarrer nicht an; 's ist ihnen alles lediglich provisorischer Zustand! Freilich fechten sie nicht mehr in hellen Haufen wie in ihren früheren Salpetererkriegen, z.B. anno 1739, wo zum Schluß mancher harte Schädel am Wald bei Albbruch vom Scharfrichter abgeschlagen und auf den Galgen gesteckt, und manches Dutzend anderer ins Banat verbannt wurde: aber die Lehre vom passiven Widerstand hat noch heutigentags auf dem Wald ihre Anhänger, und hie und da wetterleuchtet's auch wieder wie ein Blitz aus den Gewittertagen der alten Salpetererzeit.

Im Jahre 1815 haben sich die Epigonen der Salpeterer wieder zusammengetan um den alten Ägid Riedmatter von Kuchelbach und in nächtlichen Versammlungen wieder an den alten Hoffnungen auf Gott und den Kaiser gebrütet und der Staatsgewalt den Gehorsam gekündigt. Und um sie von ihren hartgesottenen Ansichten abzubringen, sind damals und später scharfe Verordnungen ergangen, Strafen angedroht und ausgeführt worden, und unter andern sind auch die Pfarrämter angewiesen worden, keiner Salpetererleiche ein christliches Begräbnis zu gestatten.

Diese Verordnung ist schuld, daß ich auch noch ein paar Salpeterer vor mir habe. Da ist im Jänner eine alte Salpeterin gestorben, die alte Malzacherin, und wie nach

Hauensteiner Brauch die ganze Familiensippschaft zur Begräbnisfeier und zum Leichenschmaus beisammen war, und wie der Pfarrer den Segen weigerte und das Glockengeläute bei der Beerdigung, da ist der alte Salpetererzorn über die Mannen gekommen, daß man ein christlich Salpetererweib begrabe »wie einen Hund«, und die Salpeterer Maidli haben die Bursche noch angefeuert, daß sie dem Unrecht steuern, und da sind die verwegensten nach der Kirche gezogen und haben den Glockenturm mit Gewalt aufgesprengt und haben alle Glocken geläutet, daß sie hell und lustig zusammentönten, bis die letzte Schaufel Erde auf den Sarg der alten Malzacherin geworfen war – und dem Pfarrer und Sigrist, die Einsprach erhuben, haben sie viel Schimpf gesagt, und nach ordnungsgemäßer Beerdigung haben sie noch ein gar unchristlich Schnapsgelage gehalten.

Es ist ein schwer Stück Arbeit, diesen trotzigen Gesellen eine ordentliche Antwort abzuringen – und der Stoff ist ein Gutteil ernster als das Begräbnis der alten Fastnacht zu Schwörstädt.

Damit schließlich auch noch ein Stück Humor in den verschiedenen Arten polizeilicher Poesie vertreten sei, kommt auch noch der preußische Hauptmann und Platzkommandant dahergerannt und macht ein Gesicht, als wenn er eine Kreuzspinne gefressen hätte. Donnerrrwetterrr, was ist jetzt los? Haben sie etwa in Paris losgeschlagen? Ist der Kaiser Nikolaus über die preußische Grenze? Hat Österreich den Krieg erklärt? Ist in Erfurt durch Stahl und von Gerlach die Republik proklamiert worden? – Nichts von alledem, aber das Unerhörte, Himmelschreiende ist geschehen, daß ein hiesiger Kaufmann Tabakspäckchen verkauft hat, die auf der Innenseite das Bild des großen, kanonenbestiefelten Schutzheiligen aller Freischärlerei, das Bild — Heckers enthielten!

»Schleunige Untersuchung! Dem Kerl den Laden schließen!! Meldung ans Generalkommando!!! In die Kasematten abführen!!!« — O du lieber Gott! und der beispiellose Frevler ist ein so gutmütiger konservativer, von Reaktion und Anarchie gleich entfernter badischer Staatsbürger und so unschuldig als ein neugeborenes Kind zu der Heckervignette gekommen.

Er hat einen einfachen Portorikoknaster in Ulm bestellt, und der Ulmer Fabrikant hat, wahrscheinlich weil auch in Ulm der Heckertabak der Polizei etwas zu scharf war, die Etiketten mit Heckers Bild umdrucken und mit der Portorikovignette versehen lassen, so daß nur im tiefsten Innern, auf der Rückseite, von des Knasters Wellen begraben, das Heckerbild sein kümmerliches Dasein fristete, — und hat ein paar von diesen verwandelten Tabakspäckchen seinem Geschäftsfreund in Säkkingen geschickt und nicht daran gedacht, daß ein preußischer Soldat sothanen Portoriko rauchen und das Päckchen einmal umwenden würde, um die grauenhafte Entdeckung zu machen, daß dieser Hecker unvermeidlich ist und sogar im Innern von schlechten Tabakspäckchen noch im Jahr 1850, bei vollendeter Restauration, wiederhergestelltem Papst und von Österreich zusammenberufenem Bundestag zum Vorschein kommen muß!

Schmerz, laß nach! 's ist schade, daß ich nicht Zeit genug habe, um Euch noch ein paar Dutzend weitere Stücklein aller Art zu erzählen, zum Beleg dafür, welche reiche Quelle von Poesie jeder Art in der schnöden Polizei verborgen fleußt. — Trotz dieses poetischen Duftes aber, der meine Polizeihöhle umschwebt, ist mir's nie wohler und melodischer zumute, als wenn ich ihm Valet sage und hinausziehe in den grünen Tannenwald oder an den alten Vater Rhein. Und es gibt Momente, wo der Polizeirespizient sich lediglich in Poesie auflöst, und wo sich dann doch zeigt, daß Poesie und Polizei nicht ganz identisch sind, indem er sich dann durchaus polizeiwidrig aufführt.

Ein solcher Moment war neulich am ersten Mai. Da sind wir junges Volk von Säkkingen hinausgezogen an den stillen Bergsee im Tannenwald und haben — dem tiefinnersten Zuge germanischen Wesens getreu — ein paar Stückfaß Bier mit hinausgenommen, dann einige tüchtige Züge Hechte und Karpfen gefischt und uns auf einer prächtigen Felskuppe gelagert, um dem Frühling und seinem geliebten Sohne, dem Mai, ein frisches Fest zu feiern.

Und ein großes Maifeuer ist angezündet worden, darin wurde der Fischfang gebraten, und ein jeder verzehrte seinen Anteil an selbst vom Gezweige der Tannen geschnitzter Gabel, und die Lieder und die Gläser klangen, und die Frühlingssonne schien so innerlich und warm drein, als könnte sie nicht genug ihr Wohlgefallen an diesem Häuflein getreuer Frühlingsjünger ausdrükken, — und zuletzt war ganz vergessen, daß Volksversammlungen, Reden und Demonstrationen im Kriegszustand verboten sind, und sogar er, der Wächter des Gesetzes, der Respizient in Polizeisachen, stieg auf einen Felsblock und hielt, an eine alte Tanne gelehnt, eine Frühlingspredigt über den Text:

Darum lob' ich den Sommer,
Dazu den Maien gut,
Der wendet allen Kummer
Und bringt viel Freud und Mut.

Der Zeit will ich genießen,
Dieweil ich Pfennig hab',
Und den es tut verdrießen,
Der fall' die Stiegen herab!

Und wenn auch diese Standrede lediglich den Prinzipien der Ordnung – in der Natur – und der legitimen Erbfolge auf den Thron – in betreff der Jahreszeiten usw. gewidmet war, so weiß ich doch nicht, ob die ungebundene Heiterkeit derselben den Beifall sämtlicher Zivil- und Militärpolizeibehörden gefunden hätte, wenn sie dabei gewesen wären.

Ich tröste mich aber damit, daß andere sachkundige Leute sie anhörten, die lediglich davon erbaut waren, – wenigstens haben am Schluß die alten Schwarzwaldtannen in ihren Wipfeln beifällig gerauscht, und der Bergsee unten murmelte, und hinten am Fels stand mein werter Freund, der Meysenharts Joggele, und lachte ganz seelenvergnügt und drohte mit dem Finger: »Wart', du vermaledeiter Doktor!!«

Ein Besuch des Teufels

Heidelberg, den 3. Mai. Erlauben Sie mir, Ihnen auch etwas vom Teufel zu berichten; ich hatte die Ehre, ihn gestern hier zu sprechen. Da er mir sagte, daß er in den vaterländischen Blättern neulich besser geschildert worden sei, als in allen »Journalen für Geisterkunde«, und da er überhaupt auf die vaterländischen Blätter nicht übel zu sprechen war, so ist es gewiß zweckmäßig, wenn ich Sie von seinen jüngsten Ansichten in Kenntnis setze. Ein schlauer Politiker bleibt er immerhin.

Da geh' ich also gestern mit meinem alten Nachbar Maier aufs alte Schloß. Es war wunderschön; überall Frühlingsduft und Blütenschnee, und die Sonne schien ganz fidel drein.

Wie wir auf die Schloßterrasse kommen, sagt mein alter Nachbar Maier: »'s is doch sonderbar, der Gegend sieht man's gar nit an, daß gegenwärtig soviel in Deutschland passiert; die is so ruhig und schön wie sonst.« – »Ja,« sagte ich, »Nachbar, wenn aber auch das nicht wär', wenn unser schönes Heidelberger Tal auch allmählich so abscheulich wüst werden wollte wie unsere Politik, dann wär's vollends zum Teufelholen.«

Wie ich das gesagt hatte, erhob sich auf der in der Nähe stehenden Bank ein Herr, dem wir bisher keine Aufmerksamkeit geschenkt hatten, trat auf mich zu und sprach: »Sie reden vom Teufelholen, Bürger, ist's Ihnen vielleicht gefällig? Ich habe die Ehre, die betreffende Behörde zu sein, die dies am besten besorgen kann.«

Ich sah den Herrn scharf an, — Kostüm, Haltung, selbst das Fuchteln mit dem Schwanz und die Asbesthandschuhe, waren genau so wie damals, als er Ihren Korrespondenten vom Oberland besuchte.

Ich kannte ihn.

»Entschuldigen Sie, Bürger Teufel«, erwiderte ich, »für diesmal hab' ich noch keine Lust, mit Ihnen abzufahren. Sie werden übrigens wissen, daß die Redensart vom Teufelholen in der deutschen Volkssprache, der ich sie entlehnte, mehr mythisch, als ernst und wirklich gemeint ist; — denn, im Vertrauen gesagt, außer mir und dem Seminardirektor Stern in Karlsruhe glauben wenige an Ihre werte Person.«

»Weiß schon«, sagte der Teufel verdrießlich und schlug mit seinem Schwanz einen blühenden Apfelbaumzweig ab, »tut aber nichts; sie werden schon bekehrt werden, diese Ihre ungläubigen Landsleute. Wenn's so fort geht, so ist bald an allen Ecken und Enden von Deutschland der Teufel los. Verlassen Sie sich darauf, meine Aktien steigen.«

»Das tut mir sehr leid,« brummte mein alter Nachbar Maier für sich.

»Ja,« fuhr der Teufel fort, der das letztere überhört hatte, »ich versichere Sie, der Aufenthalt in Deutschland wird mir bald lieber als der in meiner Heimat unten; es geht bei Ihnen fast noch etwas höllischer zu als bei mir zu Hause. Meine Leute schüren aber auch recht gut; da hab' ich besonders ein paar alte sachkundige Teufel zweiten Ranges im Berliner Ministerium sitzen, die rauchen sich ausgezeichnet; Ablehnung der deutschen Kaiserkrone, Auflösung der Kammer, Belagerungszustand mit obligatem Leute-Totschießen, Brandenburgische Noten an die Frankfurter — ich bin zufrieden, sehr zufrieden – wenn ich nicht der Teufel wäre, so würde ich sagen, es ist göttlich.«

»Krieg' die Kränk'!« brummte mein alter Nachbar Maier für sich.

»Ich verstehe Sie nicht, Bürger,« sagte der Teufel mit etwas verzogenem Gesicht.

»Bitte, lassen Sie sich nicht genieren,« erwiderte ich schnell, »mein Freund Maier spricht etwas Pfälzer Dialekt, und was er eben bemerkte, heißt auf deutsch: Ich bin ganz mit Ihnen einverstanden.«

»Auch in München,« fuhr der Teufel zufriedengestellt fort, »hab' ich tüchtige Agenten, und zwar arbeiten die Pfaffen dort, als wenn sie von mir bezahlt wären, und machen den guten Bayern weiß, durch die Reichsverfassung müßten sie lutherisch werden und durch die Grundrechte käm alles Lumpengesindel nach Bayern.«

»Außerdem hab' ich den Bayern meinen Freund von der Pfordten verschrieben, der sich noch durch seine jüngste Wirksamkeit in Sachsen Ansprüche auf meine Erkenntlichkeit erworben hatte; – da kann's ihnen gar nicht fehlen.«

»Daß ich mit Stüve in Hannover in Verbindung stehe, werden Sie aus der teufelmäßig motivierten Proklamation über die Kammerauflösung erfahren haben; ich habe überhaupt eingesehen, daß meine Leute in den verschiedenen Regierungen und in den höchsten Regionen es viel besser anfangen, ganz Deutschland in Verwirrung zu setzen und eine große Revolution anzublasen, als meine ›Kleinen‹, die badischen Freischärler, vom Hecker bis auf den dreiundzwanzigjährigen Weltverbesserer Blind. Ich sag' Ihnen, es gibt eine schauderhafte Wirtschaft in Deutschland, ein Durcheinander, über das ich mir wirklich die Hände reiben werde; und wenn Sie dereinst, was nicht ausbleiben wird, in die Hölle kommen, so werden Sie finden, daß es dort kaum ärger zugeht.«

Ich verbeugte mich verbindlich und erwiderte: »Bürger Teufel, diesmal scheinen Sie sich doch zu verrechnen. Die Revolution, die jetzt kommt, wird anständiger durchgeführt als je eine in Europa. Blicken Sie gefälligst nach Stuttgart. Jeder deutsche Biedermann wird teilnehmen, und da kommt weder Teufelei von oben noch von unten dagegen auf. Wenn einmal nach Frankfurt marschiert wird fürs Parlament, so bemühen Sie sich hin, Sie werden lauter brave Leute auf Seite der Revolution finden.«

»Fehlgeschossen,« sagte der Teufel und fuchtelte höhnisch mit dem Schwanz, »ja, wenn alle so dächten, wie Sie reden. Da kommen ganz andere Dinge. Während Sie und die braven Bürger mit den Truppen vielleicht nach Frankfurt marschieren, da fangen meine ›Kleinen‹ wieder an. Denen ist's nicht um deutsche Einheit zu tun, sondern um eine Republik, deren Präsidentschaft eigentlich von Gottes und Rechts wegen mir gebührt. Die lachen sich nur ins Fäustlein, wenn Sie und die andern ausziehen.«

»Die schlagen in Ihrem Rücken los, ich habe neulich meinen Freund Sigel besucht, dem juckt's schon in allen Gliedern, bis er wieder herüberkommt, und während dort für die Reichsverfassung gekämpft wird, wird hier wieder mein altes Leiblied ›Wohlstand, Bildung und Freiheit für alle‹ gesungen, und es geht drunter und drüber, wie beim Turmbau zu Babel.«

»Ja, es steht grün in Deutschland; ich gedenke noch einige Jahre hier zu verweilen.«

»Donnerwetter,« brummte mein Nachbar Maier, »machen Sie mir nicht Angst, Herr Teufel, Sie verderben mir ja ganz den Appetit zum Nachtessen.«

»Das sind schöne Aussichten; dem müßte doch noch abgeholfen werden können. Sagen Sie lieber, was zu machen ist, damit wir nicht so tief ins Pech hineinkommen.«

Der Teufel lächelte und sprach: »O, es wäre noch allerlei zu machen. Ich könnte Ihnen wohl sagen, wie Deutschland noch auf einen grünen Zweig kommen könnte. Ja, ich will's Ihnen sogar mitteilen, auf Gefahr, daß Sie's irgendwo abdrucken lassen, denn ich weiß doch zu gut, daß es nicht ausgeführt wird.«

»Wenn ich nicht der Teufel wäre, sondern einer, der's mit Deutschland gut meint wie etwa der Erzengel Gabriel, so macht' ich zuerst eine Rundreise bei allen Parteien im Land und sagte ihnen: Jetzt gebt euch die Hände, ihr Sackermenter, und keift nicht mehr wie Hunde und Katzen; ihr habt die Reichsverfassung und an der könnt ihr alle miteinander satt werden und zu Leibeskräften kommen; damit beruhigt euch! Dann ging ich nach München, Hannover und Dresden in die Audienz und sagte den Herren: Majestät, Sie wissen wohl nicht, wieviel Uhr es in Deutschland geschlagen hat. Ziehen Sie gefälligst die Schuppen von Ihren Augen und bemerken Sie, daß der Zeiger auf ›Annahme der Reichsverfassung‹ steht. Sie müssen annehmen.«

»Und wenn ich da ein Licht angesteckt hätte, so würde ich in allen drei Städten die betreffenden Minister, die an der Sache schuld sind, auf eine sehr unsanfte Weise zu ihren Ministerien hinausdirigieren und bessere deutsche Leute hinsetzen.«

»Dann ginge ich nach Berlin und sagte zum König:

Majestät, entschuldigen Sie, aber Sie passen nicht mehr in die Zeit, wo Deutschland einen Alten Fritz braucht. Nix für ungut, aber 's beste wär', wenn Sie in Ruhestand zurückträten und es einen andern probieren ließen, der 's Herz am rechten Fleck sitzen hat, und der einen tüchtigen Deutschen Kaiser, so einen alten Rotbart von echtem Schrot und Korn, abgäbe.«

»Die jetzigen preußischen Minister aber, die ließ ich zur Strafe die ganze Reichsverfassung, Paragraph für Paragraph, auswendig lernen, und dann müßten sie dieselbe vor dem ganzen Volk auf dem Marktplatz zu Berlin Wort für Wort rezitative absingen. Hierauf könnten sie gehen, wohin sie wollten.«

»Dann ging ich nach Frankfurt und machte die Nationalversammlung etwas wärmer, wie bisher, so daß sie noch vollends Kaiser und Reich festleimte, daß es für die Zukunft hält, und dann ließ ich's große Heidelberger Faß füllen, und da müßte ein großer deutscher Verbrüderungstrunk getan werden, und alle politischen Gefangenen würde ich amnestieren, daß sie auch mittrinken könnten; und dann macht' ich ein Gesetz, daß, wer in der nächsten Zeit noch ein Wort von Republik oder Reaktion spricht, drei Batzen für die deutsche Flotte zahlen müßte.«

»Das wär' alles nit so übel,« sagte mein Nachbar Maier, »aber –«

»Aber es wird nichts draus,« sagte der Teufel vergnüglich. –

» Es wird nichts draus, sonst hätt' ich ja nichts mehr in Deutschland zu tun. Übrigens verschwätze ich da meine beste Zeit, ich muß noch ein paar dringende Besuche machen. Können Sie mir vielleicht sagen, Bürger« – wandte er sich zu mir – »wo der Dr. Frick und der

Volksführer Stay wohnen? Ich muß den Kerls ein paar gute Lehren geben, sie kompromittieren mich sonst zu stark.«

»Ich bedauere herzlich, Bürger Teufel,« erwiderte ich, »aber mit diesen Herren komme ich nicht zusammen; ich kann nicht dienen.«

»Tut am Ende auch nichts,« lachte der Teufel, »ich finde sie doch, die entgehen mir nicht. Leben Sie übrigens gefälligst wohl; — bis wir uns wiedersehen, sind Sie vielleicht kosakisch oder republikanisch. Empfehlen Sie mich bis dahin den vaterländischen Blättern. — Guten Morgen, Herr Maier!«

Und damit senkte er seinen Schwanz verbindlich grüßend — und weg war er.

»Der Kerl ist nicht so dumm, wie ich glaubte,« brummte mein Nachbar Maier, »aber deswegen braucht er doch keinen solchen Schwefelgeruch auf der Schloßterrasse hier zu verbreiten, der polizeiwidrige Gesell.«

»O Nachbar, Nachbar, das sind schwere Zeiten! Wir werden noch etwas erleben!«

Nadowessische Totenklage

Da sitz' ich wied'rum auf dem Schub,
Ich armer Literate,
Dieweil ich zu viel Liebe trug
Zum Proletariate.

Kaum saß ich jüngst in Frankfurt fest
Und glaubt', ich sei in Trockenem,
So faßt mich schon die Polizei
Und weist mich aus nach Bockenem.

Denn sie hat mit gar feinem Takt
Das Ding herausgefühlet,
Daß ich gekommunistelt und
Als Anarchist gewühlet.

Drum wem das Glück beschieden ist,
Von Freiheit was zu wissen,
Der teil's in Frankfurt niemand mit,
Sonst wird er 'rausgeschmissen.

Warnung

Maikäfer in die Lüfte flog
Mit vielvergnügten Sinnen,
Aus Blüten er die Düfte sog,
Scherzt' mit den Käferinnen.
  Ach herrje, herrjemine,
  O du armer Käfer.

Hoch oben in der Lindenblüt'
Saß eine Nachtigallen.
Die hatte zwar ein sanft Gemüt,
Doch dabei scharfe Krallen.
  Ach herrje usw.

Maikäfer in die Nähe kam,
Sie packt' ihn bei den Ohren
Und hat ihn ohne Rücksichtnahm'
Als Frühstück aufgezohren.
  Ach herrje usw.

Drum hütet euch, ihr Käferlein,
Vor jeder Nachtigalle,
Sie singen schön, sie singen fein,
Doch fressen sie euch alle.
  Ach herrje usw.

Reisebilder
Gedenkbuch Toblino

Von der Stadt Venetia und Gründen, dieselbe zu verlassen

Juli und August 1855

Sofern der Mensch nur Inhaber einer Seele wäre, die aus Betrachtung der Denkmale alter Zeit und Vertiefung in preiswürdiges Kunstwerk vorhergegangener Meister ihre beste Nahrung schöpft, so wäre es schwierig, Gründe dafür zu erdenken, daß einer, der nicht muß, der ehrenwerten Stadt des heiligen Markus mit Wohlbehagen den Rücken zuwenden kann. Denn so mannigfalt Großes auch anderwärts in weiter Welt zu finden ist, etwas Schöneres und Absonderlicheres wüßt' ich doch nicht aufzuzählen, als einen mondscheinumglänzten nächtlichen Gang durch die Säulenhallen des Markusplatzes, wenn der seltsam verzieratete Dom mit seinen Rundbogen und Kuppeln und Säulenbündeln und Mosaiken wie ein Traum des Orients emporragt, die langen Kolonnaden des Dogenpalastes mit ihrem einfach-schweren Oberbau sich hinausstrecken bis zu dem marmorgemauerten Ufer der Lagune, wo der geflügelte Löwe und Sankt Theodor mit dem Drachen auf ihren einsam stolzen Säulen hinausschauen in den Silberflimmer des Mondes auf dunkelnder Salzflut, und wenn der grelle Schimmer moderner Gaslaternen auf das Gewoge spazierenwandelnder Venetianerinnen fällt, die mit ihren blassen, grünfahl leuchtenden Wangen und dem herzversengenden breiten Blick einherschreiten wie Töchter des Meeres. Und in solchen Momenten – oder bei abendlicher Gondelfahrt durch den canal grande, wenn die üppigen Gestalten, wie sie Tizian und Paul

Veronese dereinst gemalt, lebendig in Fleisch und Blut und mit hörbarem Schäkern auf den melancholischen forestiere niederschauen – oder bei stillem Gang durch das Labyrinth von Mosaik und Marmorschätzen, die die heilige Markuskirche in ihrem Innern birgt, – oder bei lustigem Hinausrudern nach einer der Laguneninseln, die gleich silbergefaßtem Edelgestein sich emporheben aus dem barkendurchwimmelten schimmernden Gewässer – in solchen Momenten wär' es ein Verrat an der ewigen Schönheit, sich auf die Zeit zu freuen, wo all diese Pracht in fernem Nebel rückwärts eines davonreisenden Mannes verschwindet.

Aber sofern es die Natur geordnet, daß der Mensch auch Inhaber eines sündigen Leibes, als dessen Hauptbeschäftigung die Naturgeschichte in guter Schulzeit die Funktionierung der fünf Sinne, Sehen, Hören, Riechen, Schmecken und Fühlen angibt . . . und sofern der konkrete Inhaber eines solchen Leibs ein Deutscher und die Zeit, wo er dessen Funktionen ausüben soll, der Monat Juli, so mag es doch zutreffen, daß auch in Venedig sich eine Stimmung in ihm festsetzt, die ihren Ausdruck nur in dem bekannten Ruf: »Naus! und nix wie naus!« finden kann. Denn was zuviel ist, ist zuviel!

Und was wir in dieser Sommerhitze zu Venedig erleben mußten, war zuviel. Die Cholera war als ein schwarzer Würgengel eingezogen und fügte ihre Schrecknisse zu den Bedrängungen der heißen Jahreszeit. Und was ein Tag venetischen Lebens inklusive der Nacht an leiblichen Annehmlichkeiten dem Menschen gewährt, mag aus folgender fragmentarischer Schilderung entnommen werden:

Item am 12. Juli morgens nach schlafloser Nacht müd und schweren Hauptes aufgestanden. Vom palazzo Canal längs des stagnierenden Lagunenwassers in einer schwefelwasserstoff- und stickstoffdurchschwängerten Atmosphäre zum traghetto des campo San Barnaba gewandelt, um in der Gondel nach dem Markusplatz zu fahren. Unterwegs einer Frau begegnet, die jammernd nach einem Arzt für ihren erkrankten Mann lief. Am traghetto mit dem Gondolier wegen Fahrpreises einen gröblichen Wortwechsel bestanden, der Veranlassung war, trotzig zu Fuß nach San Markus zu gehen. In dem engen Gewinkel zwischen San Barnaba und der eisernen Brücke über den canal grande eine solche Fülle verschiedener pestilenzialischer Wohlgerüche bestanden, daß ich eine Orange einkaufen mußte, um die Nase zuzuhalten. In der calle della misericordia der schmale Durchpaß durch eine Gruppe sich raufender Damen gesperrt, denen ein Fischer von Burano etliche Körbe halbverwester Meerfische zu billigen Preisen feilbot.

Im Café Mendel am Markusplatz von der schönen Frau Mendel mit der Nachricht empfangen, daß gestern die Magd an der Cholera erkrankt. Um dem Geist anderweite Ideen zuzuführen, Gespräch mit einem österreichischen Leutnant angefangen, der erzählt, daß heute nacht ein Piket Soldaten, die in der Giudecca im feuchten Gras geschlafen, sämtlich die Cholera bekommen. Dem auszuweichen, nach dem Giornale di Venetia gegriffen, um nach telegraphischen Depeschen zu sehen. Statt dieser auf die Rubrik gestoßen: Bolletino del cholera. Casi nuovi 36, morti 20, guariti 6 usw.... Hierauf ärgerlich von dannen gegangen, um in der Münsterschen Buchhandlung etwas Neues zu lesen zu holen. Auf gut Glück ein Buch mitgenommen, betitelt: »Aus Venedig. Vom Verfasser des Naëmann.« Beim Fortgehen darin geblättert und schon auf dem Markusplatz die Entdekkung gemacht, daß der Verfasser ein Basler Pietist. Sofort zurückgetragen. Einen Spaziergang ans Ufer der Schiavoni gemacht und mit Befremden wahrgenommen, daß das Triestiner Dampfboot, was sonst regelmäßig leer, heute über hundert Passagiere bringt. Nachricht, daß in Triest die Cholera so wütend ausgebrochen, daß man Hals über Kopf von dannen fliehe. Einer Prozession verschleierter Frauen und barfuß gehender Kinder mit Wachskerzen begegnet, Abwendung der Krankheit bezweckend. Schweißgebadet wieder zu Haus angelangt und wegen schwüler Sonnenglut etliche Stunden tatlos auf dem Sofa verträumt. Abends im vapore das vorschriftsgemäße diätetische Mahl, bestehend in Reis und einem Fragment Kalbfleisch, nebst einem Minimum von Rotwein eingenommen. Nach dessen Genuß die seit etlicher Zeit sich regelmäßig einstellende Übligkeit verspürt und ein Knurren im Magen, als hätt' ich ein Buch von Oskar v. Redwitz verschluckt.

Eine Gondelfahrt an Strand des Adriatischen Meeres gemacht, um im Seebad Erquickung zu suchen. Angekommen am Lido keine Badeanstalt mehr getroffen und vom marinaro in Kenntnis gesetzt, daß die Sanitätsbehörde alles Baden für gefährlich erklärt. Die ganze Luft mit elektrizitätsschwangern Schirokkowolken gefüllt, draus ein blaues, dunstiges Wetterleuchten unheimlich hervorblitzt. Verstimmt heimgefahren. Wegen unartikulierten Gesangs in der Nachbarschaft, wo zum hundertstenmal der venetianische Refrain andar in gondola per respirar . . . mißtönig mißhandelt wird, und wegen Knistern des statt einer Matratze untergeschobenen Laubsackes Unmöglichkeit zu schlafen. Die Nacht mit Rauchen eines Rattenschwanzes gekürzt. Erst lang nach Mitternacht Versuch einzuschlummern . . . schauerlicher

Traum – am Eck des inneren Zirkels in Karlsruhe dem Ministerialrat F. begegnet, der in wohlklingendem Italienisch sprach: »felicissima notte!« und sofort aufgewacht, von den leissummenden Schnaken, die in Venedig »zanzale« heißen, durchstochen, daß Schulter und Arm aussehen, als wären sie dem aussätzigen Lazarus entlehnt. Betrachtungen über die Unterschiede von Idealem und Realem, angeknüpft an frühere Vorstellung von »venetianischen Nächten«.

... Und wer in wiederkehrender Reihe der Tage solches fortwährend erdulden muß, dem wird alle byzantinische Kunst und alle Handschriften der Markusbibliothek und alle Malerei der venetianischen Meister und alle Poesie und Prosa des genialen Strolchen Pietro Aretino, mit dem ich dazumal des Näheren beschäftigt war, gänzlich gleichgültig, und er denkt, seinen Bündel zu schnüren. Und wiederum eines Morgens schaute ich mich im Spiegel an, da war mein Antlitz hohläugig und eingefallen und blaßgrün, und zuckte ein ganz fremdartig böser Zug um die Backenknochen. Da ging ich schleunigst hinunter und nahm eine Gondel und fuhr auf die Polizei, deren Beamte mit einer rühmenswerten Artigkeit fremde Männer behandeln, und forderte meinen Paß. Dieweil aber meine Studien mannigfach auf den alten Tizian zielten und es mich sehr gefördert hätte, einen Augenschein seiner Heimat in den cadorischen Alpen zu gewinnen, die ich so oft in duftiger Ferne abendlich jenseits der Insel Murano begrüßt, ließ ich als Ziel der Fahrt »Pieve di Cadore« drauf schreiben und ging mich zu rüsten.

Und wie ich von Dr. Richetti Abschied nehmen wollte, sprach er: »Pieve di Cadore? Dort ist die Cholera viel heftiger als hier, in Belluno sind ganze Straßen ausgestorben — was fällt Ihnen ein?« Da ward mir's zumute wie dem Kaiser Maximilian, als er den venetianischen Gesandten zurief, jetzt könnten sie mit ihrer ganzen Republik ihm usw., und ich ging als ein ratloser Mann nach meinem palazzo und wußte nicht, wohin mich wenden. Und in solchen Zuständen körperlicher Abspannung wird auch der Geist versimpelt und träg und ist keines Entschlusses mehr fähig und dem Verwelken nah. Der Weg nach Rom auch durch Cholera versperrt, Padua, Verona usw. nicht minder choleratisch, Triest desgleichen, östlich das Adriatische Meer, und der Zweck meiner Reise: »Vergnügen«; — es war, um einen Salat von Akanthusblättern und Disteln zum Frühstück zu verzehren. Aber wenn ein Feldzug in Oberitalien mißlingt, bleibt immer noch der Rückzug ins Tirol offen, und wie ein Stern in der Nacht stieg ein Bild vor meinen Augen auf, das ich in flüchtigem Vorbeifahren einst erschaut — da waren riesige Bergwände und ein stiller tiefgrüner See und ein altersgraues Schloß, auf schmaler Landzunge dem Gewässer entsteigend ... und langsam vermischte sich alle Sehnsucht nach schlafgesegneten Nächten und guter Luft mit dem Bild jenes Schlosses.

»Sie sind noch hier?« fragte mich mein Reisegefährte, der treffliche Meister Anselmus.

»Ja wohl,« sagte ich, »ich geh' nicht nach Cadore, sondern nach Kastell Toblino.«

»Kastell Toblino? Aber wissen Sie auch wer dort haust, ob der Mensch dort wohnen kann, was dort los ist?«

»Nein,« sagte ich.

»Ich gehe mit,« sprach er. Denn es war auch für ihn die höchste Zeit, den schnakenstichbesäeten Leichnam dem tückischen Lagunennest zu entrücken; und wiewohl ihn die tizianische Assunta mächtig fesselte, beschloß er der Akademie der schönen Kunst Valet zu sagen, – und daß wir vom Ziel unserer Fahrt nichts Näheres wußten, war ein Grund mehr, schleunigst hinzugehen.

Also ließen wir die Pässe nach Riva am Gardasee visieren.

Von der letzten in Venedig zugebrachten Nacht

Und alles war gepackt und besorgt, wie solches bei eines Junggesellen fahrender Habe nur allzu schnell vollendet zu sein pflegt; und blieb mir von niemand Abschied zu nehmen übrig, denn wiewohl die Venetianerinnen mit einer eindruckmachenden Schönheit begabt sind, war mir doch nicht zuteil geworden, in dem Spinngeweb meergrüner Blicke als armes Mücklein gefangen zu werden, so daß die Losreißung Mühe und Tränen gekostet. An diesem lieblosen Zustand in Venetia war aber niemand schuld als ich selber, denn wer mit ungewichsten Schuhen über den Markusplatz ins abendliche Gewimmel schreitet anstatt mit gefirnißten Stiefeln, wer sein schlichtblondes Haar unadonisiert über die Schläfe hängen läßt und schweigend dreinschaut anstatt die Gaben des Friseurs mit denen des Schöpfers an seinem Haupt zu vereinen, wer endlich die Stunden der Nacht lieber bei einem Glas zyprischen Weines sitzt als in einer Loge des Theater Fenice, der muß sich's gefallen lassen, wenn Venedigs Töchter mit mitleidiger Fächerbewegung an ihm vorüberstreifen. Die große Signora Antonini aber, die einmal einen starken Anflug nahm, es lieb und gut mit ihm zu meinen, hatte ein leises Schnurrbärtlein ... und soll überhaupt hier von jener am Ufer der Schiavoni bestandenen Tentation nicht weiter die Rede sein.

Darum schritt ich mit gleichmäßigem Herzschlag im leeren Saal des palazzo Canal auf und nieder, und war niemand, der mein Herz rührte beim Fortgehen, als die breiten Schildkröten, die getreulich die Einsamkeit der Region San Barnaba mit mir geteilt. »Wie vergänglich ist alles Irdische,« sprach ich zu ihnen — »kaum drei Wochen, daß ihr der niederen Behausung entrückt seid, in der Luigi Perisotti, der Stiefelwichser und Schildkrötenhändler und Kuppler, euch schnöden Gewinns halber erzog, kaum drei Wochen, daß ihr in diesen Saal versetzt wurdet, wo einst venetianische Nobili auf dem mosaikgezierten Fußboden wandelten und jetzt ein deutscher Meister lobesamer Kunst seine Zeit zwischen Nichtstun und Tabakrauchen harmonisch einteilte. Welche Welt von Gefühlen mag in euch aufgestiegen sein, da er zum erstenmal euch pfeifend den grünen Salat als Atzung in euren Winkel brachte, da er mit zartem Strohhalm euch unter dem Krokodilhals kitzelte und euch euer langsam sich vorstreckendes Antlitz im Kristallspiegel von Murano zur Selbstbeschauung vorhielt — und was habt ihr geträumt, da euch das schlanke Menschenbild liebevoll in seine Rocktaschen steckte und mit euch spazieren ging durch die hohen Gemächer?!

Die Zeiten neigen sich ihrem Ende zu ... und morgen vielleicht schon kommt der Tag, da die böse padrona, die längst einen Groll auf euch brave tartarugen hegt, euch ergreift und hinausschleudert in die stinkende Flut des canalazzo, wo in finstern Löchern die scheußlichen Spinnen und Krebse hausen und Straßenjungen den Fischfang treiben.

Aber wähnet nicht, daß ich undankbar sei wie Bacchos, da er die Ariadne heimlich verließ auf Naxos. Mein Weg geht nordwärts ... dort welkt alles, was im Süden lustig aufwächst, und wie Fernows schöne Angiolina in Weimar würdet auch ihr sagen, wenn ich euch hinübertrüge, über die Alpen: ›es ist so dunkel und so kalt hier!‹

Glück und Unglück, es muß nebeneinander sein. Das Fatum schütze euch! Addio Skindlödra, Skindasa addio!«

Die beiden Schildkröten krochen wehmütig und schweigend wie immer ihren wälzenden Gang um mich herum und ihrem Winkel zu ... ich habe sie nie wieder gesehen.

Wie ein Nachtwandler kam indes in weißes Linnen gehüllt der Signor Hugo durch die Vorhalle geschritten. »Könnet Ihr auch nicht schlafen?« frug er. »Nein.« »Dann wollen wir die letzte Nacht zusammen verplaudern.« – Der Signor Hugo war ein deutscher Architekt, der neben uns wohnte; er lebte so still, daß wir erst in der dritten Woche nach dem Einzug entdeckt hatten, daß er vorhanden, und in der vierten, daß er ein Deutscher! Er war bei der Preisbewerbung um die gotische Votivkirche in Wien durchgefallen und seitdem leidenschaftlicher architektonischer Theoretiker und Kritiker geworden. Er wohnte in einem freskogeschmückten Saal – an der Wand war Horatius Cocles gemalt, wie hinter ihm die marmorne Tiberbrücke mit Holzäxten abgehauen wird, und ähnliches ... des Tags über lag er auf seinem Sofa und schrieb Bemerkungen über die Philosophie der Baukunst in sein Tagbuch, die ihm dereinst viel gute Freunde und Gönner erwerben werden, wenn sie gedruckt sind. Er hatte die Gewohnheit, diese Bemerkungen regelmäßig am Abend ihrer Entstehung seinen Bekannten vorzulesen, ohne dazu aufgefordert zu sein.

Daher hatte ich gegründete Besorgnis, des Signor Hugo nächtliches Wandeln bezwecke, uns noch schleunigst von einigen neuen Ideen über den Baustil der Zukunft in Kenntnis zu setzen! Aber es war in jenen Tagen so heiß gewesen, daß er selbst das Philosophieren unterlassen hatte.

Und wir richteten ein großes Matratzenlager in einem unserer Säle und erzählten uns Geschichten. Und die eine Geschichte des Signor Hugo, wie er als Bauaufseher auf des Baron Sina Zuckerfabrik bei Raab unter die ungarische Nationalgarde gekommen, den Feldzug mitgemacht und, als Spion gefangen, vors Kriegsgericht gestellt, von den Magyaren nach der Schlacht bei Acs wieder befreit, wie er dann in die deutsche Heimat zurückgerufen von Wien nach Prag gefahren, im Elbedampfschiff, das ungarische Kostüm tragend, zu Dresden am Abend des 5. Mai 1849 ankam und dort, ohne zu wissen warum, noch die Dresdener Revolution mitgenießen mußte . . . diese Geschichte war ein so vortreffliches Stück von Abenteuern eines Friedfertigen, daß ich mir vorbehalte, sie in späteren Tagen einmal des Näheren zu erzählen, auf daß man ersehen möge, was alles einem Untertan des Ministers Hassenpflug und Kurfürstlichhessischen Baupraktikanten passieren kann.

Aber es wurde noch unendlich mehr erzählt, und war mir auffallend, dieselbe Erscheinung zu beobachten, die mich bei den Märchen von 1001 Nacht wie bei Boccaccios Novellen schon zum Nachdenken veranlaßt . . . daß nämlich im Lauf des Erzählens die Geschichten immer saftiger und der Tabak immer stärker wird. Und wurde mit zunehmender Schwüle und Schnakenbedrängnis ein so klingender Glockenton angeschlagen, daß alles, was in den Archiven des Engeren zu Heidelberg über verwandte Fächer aufbewahrt liegt, zu puritanischem Choralgesang zusammenschrumpft, was ich seinerzeit mit einer Geschichte von einem Kutscher, der sich bei seinem Herrn wieder einschmeicheln wollte darzutun mich getraue ... Ob nun diese Wendung in der Tonweise des Erzählens, die ganz organisch und sozusagen von selbst eintrat, mit demselben Gesetz zusammenhängt, was auch der Völkerentwicklung zugrund liegt, daß nämlich vor dem Ende notwendig der Verfall kommen muß ... darüber ward ich nicht klar! – Item, auch diese venetianische Nacht ging glücklich herum, und wie ich eben die Erzählung vom Bankier Hohenemser und der Überreichung des Kreditbriefs in seiner Einfahrt beendet, war die Sonne schon aufgegangen, und ein Mann im blauweißgestreiften Kittel war leise heraufgekommen, und weil er glaubte, wir schliefen, stampfte er in der Vorhalle dreimal mit dem Fuß aufs Pflaster, uns zu wecken, und sprach: »Signori, è tempo!«

Von dem einzigen Menschen in Venedig dem unsere Abfahrt weh tat

Der Mann in dem blauweißgestreiften Kittel war der Gondolier Valentino, und wenn von einem Menschen mit Grund behauptet werden kann, daß er tief innerlich betrübt war ob unseres Scheidens, so ist's von ihm. Ja, ich bin überzeugt, daß er zur Stunde, wo dies geschrieben wird, noch an seiner Barke bei der riva degli Schiavoni liegt und nach der Brücke beim Hotel Danieli schaut, sehnsüchtig wie eine Jungfrau, die des Geliebten harrt, ob ihm ein gut Geschick nicht seine zwei forestieri wieder zuführe, die so lange Zeit regelmäßig wie die Gestirne dort allabendlich ihre Bahn wandelten, und ins Geschrei lungernder Gondoliere: »Barca, Signori! andiamo al lido Signori!« mit lächelnder Ruhe sprachen: »No! niente! prendiamo Valentino;« und die in seine Barke stiegen, trotzdem sie weder die sauberste noch die eleganteste war, und mit ihm hinausfuhren, ohne zu wissen wohin, und ihm oftmals, wenn er fragte: »Dove commandano i Signori?« zur Antwort gaben: »Dove volete.« Denn in diesem verpesteten Sommer, wo die Fremden in Venedig so selten waren wie die Philosophen in Tirol, war's für ihn keine Kleinigkeit, seine sichern Leute zu haben, und an manchen Tagen, wo alles luftscheu in seiner Höhle verborgen lag, war Valentinos Barke die einzige, die sich auf schaukelnder Lagune tummelte, und er konnte mit Recht sagen, daß er ein Drittel oder gar die Gesamtheit aller in Venedig hausenden forestieri in seinem Schiffe geleite. Und er erhielt regelmäßig des Abends seine Zwanziger, und wer ihn im Juli sah und sein Bild mit dem verglich, was er des Monats vorher noch der Welt bot, der mochte füglich schließen, daß seine Umstände den Einflüssen fester Revenüen ausgesetzt waren ... denn häufig und häufiger glimmte der unendliche sigaro lungo in seinem Munde, und wenn eine Meerfahrt von weiterem Umkreis bevorstand, nahm er auf eigene Kosten einen Untergondolier, und wie er gar eines Sonntags im neuen blauen Sammetwams einherstolzierte, die seidene Halsbinde um den breiten weißen Hemdkragen und die Granatblüte am Hut, da war's die helle Pracht, und mir ahnt, daß er mit Beistand unserer Zwanziger auch eine Liebste gewonnen, wie wir, »seine Herren und Gebieter«, sie vergeblich ersehnten. Dafür war aber Valentino auch ein musterhafter und aufmerksamer Mann in seinem Fach und wußte die vielverschlungenen Wasserstraßen seiner Lagunen so gut wie ein Fisch, der drin aufgewachsen – und fuhr unverdrossen zu jeder Tageszeit und sagte nie ein Wort, wenn der ihm gereichte Lohn nicht dem Tarif entsprach ... und wenn ein Schiff mit geschmuggeltem, türkischem Tabak heimlich im Hafen eingelaufen war, kam er pünktlich und brachte uns eine Provision zum Rauchen; wenn wir abends gegen neun Uhr in der Nähe waren, fuhr er pünktlich auf kurze Entfernung zum österreichischen Kriegskutter hinaus, weil er glaubte, es müsse uns besondere Freude machen, den zapfenstreichstellvertretenden Kanonenschuß zu hören und zu sehen, wie mit Gedankenschnelle die große Laterne auf des Mastbaums Spitze hinaufgehißt ward ... und wenn Fremde in lyrischer Begeisterung für venetianische Nächte sich die große compagnia der cantatori bestellt hatten, um mit Sang und Klang und alten Fischerliedern hinauszufahren in canal grande, da ruderte Valentino uns leise, leise im Schatten der Nacht mit zur Seite, daß kein Ton verloren ging, wenn der wunderliebliche Refrain »O Venetia benedetta non ti voglio mai lasciar!« ertönte oder unter dem dunkeln Bogen des Rialto ihr lomm! lomm! lomm! widerhallte, und legte seine Gondel lauschig der der Besteller zur Seite und blitzte wieder ab und lachte wie ein Student, der mit Erfolg ein Kollegium geschossen hat, wenn er dann nachrechnete, wieviel die Organisatoren der Sängerfahrt für dieselbe zu zahlen hätten und wie billig sie uns gekommen war.

Und allmählich hatte sich der Gute so daran gewöhnt, uns zu fahren, daß er es für eine Art von Rechtsanspruch hielt, und wenn wir je länger auf uns harren ließen, kam er bis auf den Markusplatz zum Café militare, wo sich selten ein Gondolier hinwagt, und sah nach, wo seine Signori steckten ... und wenn wir je mit einem andern von anderen Stadtregionen gefahren kamen, machte er noch tags darauf ein verstimmt Gesicht und rief seinen Ausweichruf höh-primiöh! wenn's um ein Eck ging, mit ganz anderem Ton denn sonst.

Und das sollte itzt alles ein Ende nehmen! Mit wirklicher Trauer im Antlitz trug Valentino der Biedre unsre roba in die Barke ... addio padrona! addio palazzo Canal! zum letztenmal ging's den bekannten Wasserpfad entlang in canal grande, im Frührotschein glänzten die altersgrauen Prachtgebäude, meinem Liebling, dem feinsten aller venetianischen Paläste, der ... cà d'oro mit ihren schlanken Bogen und zierlich gotischen Balkonen und Fenstern und Zinnen noch ein Blick ... weiter wie im Traum ging's bis an die Eisenbahn. Wie aber Koffer und Sack und Pack hineingeschafft war, da stand Valentino noch eine Weile vor uns, er wollte was sagen und wußte nicht was oder wie es ausdrücken, denn ein venetianischer Gondolier kann besser mit dem Ruder umgehen als mit der Sprache. »Ebben Valentino, a riveder!« sprach ich. Und sein Antlitz heiterte sich: »'tornano i signori?« frug er. – »Sicuro!« – da zog sich ein frohsames Lächeln über seine Lippen, und er lupfte die Mütze und schwang sie noch in der Barke zum Gruß auf Wiedersehen.

Fahr wohl, du braver Gondolier, Gott geb' dir noch manch gutes Jahr und padroni, deren Börse mit schwereren Talern gefüllt ist als die unsere.

LAC GARDA

Über den Gardasee nach Riva

Seit dem August 1849, wo allerdings auch manch ein Biedermann mit dem unbestimmten Gefühl »Nix wie naus!« aus Venedigs Toren gezogen sein mag, hat die lombardisch-venetianische Eisenbahn wohl selten zwei Männer mit negativerem Reisezweck westwärts befördert, denn uns. »Gottlob daß wir draußen sind!" sprach ich, als die riesige Lagunenbrücke hinter uns lag, und wiewohl die sumpfige verfieberte terra ferma bei Mestre noch keineswegs so aussieht, daß ein meergeprüfter Mann, wie einst Anchises der Alte beim ersten Anblick der Italia humilis, sie mit Geschrei und Austrinkung eines gebauchten Mischkruges begrüßen möchte, so tat ich doch einen lufteinsaugenden langen Atemzug, wie einer, dem ein böser Alp vom Hals sich gelöst.

Aber schwach und krank waren wir allbeide noch, gleich dem verlorenen Sohn in der Ballade eines neueren Dichters:

Und wie er endlich Abschied nahm von Babylon
Da war's ihm wirklich ziemlich miserabilon.

... Sie war in Mestre mit andern Damen eingestiegen. Sie war allerdings von einer eigentümlichen Schönheit ... regelrechte antike Züge, blasses, interessantes Antlitz, auf dem von jener dummen Impertinenz rotbackiger Gesundheit kein Atom zu finden war, ein klares, tiefes, unendlich wehmütig durchschneidendes Auge, schwarzes, reiches Haupthaar. Und die melancholisch ernsten Frauenköpfe, nach denen ein Künstler das Madonnenideal gestalten mag, sind in Italien wie anderwärts selten.

Sie sprach italienisch und ein fremdartig klingendes Deutsch und reiste mit ihrer Mutter. Im Bahnhof zu Verona stiegen beide aus. »O weh!« sprach der Meister Anselm, der eine kühle Limonade trank, »es ist schon zu Ende!«

Dasselbe hatte ich soeben schweigend gedacht.

Aber sie nahmen ein neues Billett und stiegen wieder ein.

»Donner und alle Wetter,« sprach ich, »sie fahren vielleicht mit uns über den Gardasee...« »Eben denk ich daran,« sprach der Meister Anselm.

Und wir versanken beide in Gedanken. Jenseits Verona kam ein Herr mit flachsblondem Haar neben mich zu sitzen, auf dessen Hutschachtel stund: Wasserberger. Passagiergut. Meißen. »Ein unangenehmes Land, das Italien,« bemerkte er, »wenn man die Sprache nicht kann.«

Ich gab ihm keine Antwort. Als die hohen Berge des Gardasee in blauer Ferne aufstiegen, machte er einen zweiten Versuch: »Ob's dort wohl schon Gemsen gibt?« fragt er. Da sprach ich wie ein Geistesabwesender: »höh-primiöh!« Es war der Warnruf Valentino des Gondoliers, der bedeutet, daß Barken, die ums Eck fahren, schleunigst ausweichen sollen, sonst gibt's ein Unglück!... Es muß etwas Bedeutsames im Ton gelegen haben. Herr Wasserberger machte keinen dritten Versuch, sondern wandte sich einem Manne zu, der zwei Eulen in einem Käfig auf dem Schoß trug und ihm in kroatisch gefärbtem Deutsch einige Antworten gab, aus denen mit Evidenz hervorging, daß er die Fragen nicht verstanden. »Peschiera!« rief der Kondukteur. Wir erhoben uns, als wenn wir noch etwas zu erwarten hätten. Und siehe! die graue Mantille, an der unsere Blicke schon so lange hafteten, erhob sich auch... Wir fuhren zusammen über den Gardasee. »Ein schönes, blaues Wasser,«

sprach ich zur Kammerjungfer, »Sie reisen wohl nach Deutschland?« »Verzeihen S',« sprach sie, »die gnädige Herrschaft hat nach Venedig gewollt, aber wegen der Cholera hat sie beschlossen, umzukehren und geht nach Rütte bei Bozen in die Sommerfrische.«

Warum ist die erste Wirkung der Lieblichkeit die, daß man sie flieht? daß man sich fernhält wie ein Abgestoßener, während man angezogen ist?

Und sie stand inmitten des Verdecks mit ihrer Mutter, und ich bot ihnen meinen gepolsterten Feldstuhl an und ging schleunigst nach des Schiffes Hinterteil zum Steuermann, wie einer, der eine böse Tat verübt. »Sie geht nach Rütte bei Bozen,« sprach ich zu meinem Gefährten Anselmus. »Wie weit ist Bozen vom Kastell Toblino?« fragte er.

Und wir saßen wieder in Gedanken versunken, er am Schiffsgeländer, mit blassem Antlitz in die Flut starrend, ich auf einem Bündel Tauwerk, den Schal umgeschlagen. Die Insel Catulls mit ihren niedern Linien zog an uns vorbei, und wiewohl ich im Vorbeifahren flüchtig überdachte, welch ein Unterschied zwischen der Lyrik des römischen Sängers der Lesbia und der Emanuel Geibels stattfinde, war mir's doch schier zumut, als wollt' ich selber ein recht süßes Lied anfertigen. Wem zu Ehren? ... Aber eine Welt von Bildern stieg auf ... Berge bei Bozen und sinnige Spaziergänge und leise Begegnung, Fußfall und Seufzen, sprechen Sie mit der Mutter ... es reimte sich nichts.

»Woran denken Sie?« frage ich barsch den Meister Anselmus.

»Ich überlege,« sagte er, »daß ein Künstler eigentlich nur eine Frau haben darf, die als der Ausdruck und die Vollendung der Schönheit ihn umschwebt wie ein stetes

Ideal, immer neue Gluten anfachend, wenn der Funke der Begeisterung im scharfen Luftzug des Lebens zu erlöschen droht. Und Sie?«

»Ich habe überdacht, ob die bekannten unsichern Revenuen eines Mannes mit der Stahlfeder ihm gestatten, sich zu verheiraten.«

Ob sie wohl herübersah, wie wir uns mit trübsinnig abgesägten Blicken gegenseitig anschauten, gleich zwei kleineren Propheten, die Klagelieder anheben?

Die venetianische Sommerluft macht wirklich nervenleidend und krank. Goethes Werther hätte in diesem Augenblick herantreten und mit Schillers Worten sprechen können: »Ich sei, gewährt mir die Bitte« ... ich wäre zu schwach gewesen ihn auszulachen.

Und die Limonenpflanzungen der Ufer entrückten sich dem Auge, die mächtigen Felswände, die des Sees oberes Ende umschließen, kamen näher – wir saßen in mitleidswertem Schweigen. Fünfzehn Schritte Entfernung – und die einzige Gelegenheit sich zu nähern ... und unbenutzt! – Sie hatte uns bemerkt. Aber in Riva ging sie mit der Mutter ins albergo del Sole. Im Sole sind Kellner im Frack mit weißer Weste, und Marmorinschriften in den Zimmern, wo Majestäten übernachtet haben; »Künstler«, würde Foersters Reisehandbuch sagen, »ziehen den Giardino vor.« Wir gingen in Giardino. Nach Rütte bei Bozen sind wir seither nicht gekommen. Des andern Morgens sahen wir einen schweren Reisewagen landaufwärts fahren. Wenn der Wirt des Sole wüßte, was wahrhafte Majestät ist, müßte er in dem Zimmer, das ihr Fuß berührt, auch eine Marmorinschrift aufrichten lassen.

Die Geschichte ist aus. –

Mettnaustimmung

Das war ein Sommer voll Heiterkeit,
Ein Sommer von Gottes Gnaden:
Kein Berg zu hoch, kein Weg zu weit,
Kein Ufer zu fährlich dem Baden.

Der Landschaft Zauber, der Farben Pracht
Schuf harmlos glückliche Stunden,
Da ward gesungen, gemalt und gelacht
Und zu Kränzen Blaublumen gewunden.

Heut pfeift der Sturm, heut brandet der See
Mit Gischt zu des Sträßleins Dämmung,
Frost schauert mich an, und wohin ich seh':
Sündflutliche Überschwemmung.

Im Erkerstüblein hängt blaß und verblüht
Der Kranz, den ich niemals vergesse ...
Und sorgenmüd wälzt das Gemüt
Fünf schwere Zivilprozesse.

Aus Heimat und Thurgau bedrohn mich im Chor
Die Nachbargemeinden wie Drachen,
Und schnuppernd schnappt aus Schilf und Rohr
Des Fiskus Haifischrachen.

Kläng' nicht Windharfengetön aus der Höh'
Wie Erlösung von irdischen Nöten,
Ich spräche: »Der Teufel hol' dich, o See,
Du Pfütze voll Schlangen und Kröten!«

Eine traurige Geschichte

Ein Hering liebt' eine Auster
Im kühlen Meeresgrund;
Es war sein Dichten und Trachten
Ein Kuß von ihrem Mund.

Die Auster, die war spröde,
Sie blieb in ihrem Haus;
Ob der Hering sang und seufzte,
Sie schaute nicht heraus.

Nur eines Tages erschloß sie
Ihr duftig Schalenpaar;
Sie wollt' im Meeresspiegel
Beschauen ihr Antlitz klar.

Schnell kam der Hering geschwommen,
Streckt' seinen Kopf herein
Und dacht' an einem Kusse
In Ehren sich zu freu'n!

O Harung, armer Harung,
Wie schwer bist du blamiert!
— Sie schloß in Wut die Schalen,
Da war er guillotiniert.

Jetzt schwamm sein toter Leichnam
Wehmütig im grünen Meer
Und dacht': »In meinem *Leben*
Lieb' ich keine Auster mehr!«

Katalonische Romanze

An dem Golfe von Biskaja,
In dem Glanz der Abendsonne,
Stand das braune Kind Mimaja,
Kataloniens Perl' und Wonne.

Ei, was tat das Kind Mimaja,
Kataloniens Perl' und Wonne,
An dem Golfe von Biskaja,
In dem Glanz der Abendsonne?

Weinte sie um Don Mirango,
Der nach Guanahany schiffte?
Oder tanzte sie Fandango,
Weil ihr Herz vor Freuden hüpfte?

Weinte nicht um Don Mirango,
Der nach Guanahany schiffte,
Noch auch tanzte sie Fandango,
Weil ihr Herz vor Freuden hüpfte.

Ei, was tat das Kind Mimaja,
Kataloniens Perl' und Wonne,
An dem Golfe von Biskaja,
In dem Glanz der Abendsonne?
Pause.
Chor:
Einen Floh fing sich Mimaja,
Kataloniens Perl' und Wonne,
An dem Golfe von Biskaja,
In dem Glanz der Abendsonne.

Volkslied

Wehmütig brauset der Herbstwind,
Und boshaft ächzen die Raben:
Gib acht, mein Schatz, und du sterbst g'schwind,
Drum daß du mich nit willst haben.

Mein Schatz, und das kränkt und verdrießt mich,
Mein'n letzten Schnaps tu' ich trinken,
Dann lad' ich mein Gewehr und erschieß mich,
Drum daß du mich ließest abstinken.

Und fliegen wir zum Paradies hin
Und sehn uns im himmlischen Raume:
Schatz, glaubst du, ich werd' dich dann grüßin?
— Das fällt mir nicht ein im Traume!

Viel lieber im höllischen Feuar
Bei des Teufels Großmutter liegen,
Als vor einem Schatz, der untreu war,
Im Himmel die Mütze abziegen.

Stilleben

Der Hausknecht zu der Viehmagd sprach:
»Ich denke dein den ganzen Tag
Im Kuhstall!

Du bist mein Schatz, du g'fällst mir sehr,
Wenn ich nur ewig bei dir wär'
Im Kuhstall.«

Die Viehmagd legt' die Hand aufs Herz
Und schaute weinend himmelwärts
Im Kuhstall.

»O Herr im Himmel, schaue drein,
Wie ich ihn liebe treu und rein
Im Kuhstall.«

Sie küßt' ihn stumm in sel'ger Ruh;
Wehmütig brüllten die Ochsen dazu
Im Kuhstall.

Eine sehr rohe Romanze von einem Sonnenstrahl

Vom Himmel fuhr ein Sonnenstrahl,
Zu blau war ihm die Höhe,
Er fuhr herab ins grüne Tal,
Daß er was andres sehe.
   Schöner, grüner,
   Veilchenblauer Sonnenstrahl.

Im grünen Tal ein Wirtshaus stand
Und auf dem Tisch ein Käse;
Der Sonnenstrahl fuhr durch die Wand
Und fuhr in diesen Käse.
   Schöner, grüner usw.

Am Tisch ein alter Hausknecht saß,
Hungrig war's ihm zu Sinnen.
Derselbige den Käse fraß
Mit samt dem Strahle drinnen.
   Schöner, grüner usw.

O Sonnenstrahl, du bist blamiert
In dieses Hausknechts Magen,
Sieh zu, daß er dich 'rausbugsiert,
Du kannst das nit vertragen.
   Schöner, grüner usw.

Der Sonnenstrahl im Schweizerkäs
Begann ein stark Rumoren,
Bis in des Hausknechts Magen es
Gar fürchterlich gegoren.
Schöner, grüner usw.

Und als aus dieser Gärerei
Blähungen sich entspannen,
Da ward der Sonnenstrahl auch frei
Und fuhr als —! von dannen.
Schöner, grüner usw.

Episteln aus Donaueschingen

Hochwürdiger Engerer!

Bericht des Meisters Josephus vom dürren Ast,
derzeit in Donaueschingen.
Weinprobe betreffend.

Mittwoch den 12. Januar abends geschah es, daß auf des Berichterstatters kleiner Klause, die er in der Geisenstraße hiesiger Residenz bewohnt, nachverzeichnete, sachverständige, der Weine verschiedener Tugenden wohl kundige Männer zusammentraten: Kalliwoda, ein Meister der Tonkunst, Kirsner, ein Landstand, Marquies, ein Rechtsanwalt, Wolff, ein Amtsrichter und ich, Josephus, der Buchwart. Und nachdem ich den Benannten viel löbliches von meiner zweiten Heimatstadt Heidelberg, dortigem Museum und dortigem »Engeren« erzählt, auch sämtliche Anwesende ein wohlgefälliges Nicken des Hauptes nicht zurückgehalten, da ich mit des »Engeren« Weihnachtssendung hervorgerückt, schritten wir, gesammelt und wohlbedacht, wie es der Vornahme feierlicher Handlungen geziemt, zur Eröffnung und Kostung der Flaschen, in wohlgeordneter Skala vom einfachen zum fürnehmeren vorrückend. Und wie sich in jeglichem Kollegium durch Zusammentrag und Vergleich der Ansicht ein Urteil zusammenstellt, so wurde auch bei genannten prüfenden Männern jedweder Flasche, gleich einem ins Examen genommenen Schulknaben, ein Prädikat und Zensus zu erteilen versucht, deren Kunstergebnis ich hiermit nachträglich zusammenzufassen suche:

1. *Ruppertsberger.* Angenehm, klar, süffig, mehr Flöte als Hoboe, mehr Gondolier als Kutscher.

2. *Zeller Roter.* Prälatenwein.

3. *Ruppertsberger Traminer.* Aufs erste Versuchen nicht in ganzer Gediegenheit erkannt, schlicht, latente Wärme.

4. *Forster Riesling.* Sehr rechtschaffen.

Hier ist nun ad 3 und 4 zu erwähnen, daß etliche der Anwesenden teils wegen langjähriger oberländischen und badensischen Weinstudien, teils wegen italischer Übungen an den süßen Stoffen des Südens etwas antirheinweinisch gesinnt sind, und daß ad 3 und 4 auch manche Parallelen von Auslesen, die zu Meersburg, Kattenhorn und im gesegneten Markgräfler Land vorkommen, gezogen wurden. Welches Parallelenziehen jedoch ad 5 nicht nur gänzlich aufhörte, sondern auch einem stromartigen Anwachsen der Prädikate Platz machte.

5. *Deidesheimer Kirchgarten.* Echte Lebensnahrung, zerfallene Gemüter mit Deutschland auszusöhnen fähig. Ein frommer Wein. Einer, bei dem alles Schönen, was das Leben brachte und nahm, Erinnerung zu feiern. Hat einen Kapellmeister, der fortgehen wollte, zum Dableiben bewogen. Ein Wein, von dem ein vorsichtiger Familienvater für Ausbrüche unvorhergesehenen Durstes immer ein paar Flaschen im Keller vorrätig haben sollte. Steckt aber ein Dämon drin; ein Wein mit He! Juche! Juvivallera! sollte unter keinen Umständen von Revisoren und Kassenbeamten getrunken werden. Für Dichter anregend, dem Lied von der letzten Hose das vom letzten Hemd beizufügen. Ein Wein, um einen Kranz frischer Rosen auf das Haupt zu setzen, damit er würdig getrunken werde, mit welchem anzustoßen, wenn die erste Schlacht in Italien gewonnen sein wird.

6. *Hallgarten 1857er Eisenlohrisches Gewächs.* Wie nun die schmerzlich hingenommene Leerung von 5 erfolgt war, und der Meister Josephus den Pfropfen von 6 gelöst, da sah er aus derselbigen Flasche Nr. 6 ein feines Räuchlein aufsteigen, das zog sich duftig und verschwindend an der Wand empor zu seinen Häupten. An besagter Wand aber hängt eine alte Schwarzwälder Uhr, die der Meister Josephus einst beim Gordian Hettich in Furtwangen als Denkmal alter Uhrmacherkunst mitgenommen. An besagter Uhr ist alles Räderwerk von Holz und steht ohne Gehäuse offen zu Tage; statt des Perpendikels oben eine zweizinkige hölzerne Gabel, an der Bleigewichte hangen; ist auch ein starker Wecker mit einem Glöcklein dabei angebracht. Da nun dieselbige Uhr mehr als Merkwürdigkeit denn als Stundenweiser dort hängt, war sie in Ruhestand gesetzt und ging nicht. Wie aber das Räuchlein *Hallgarten 1857er* aufstieg, da wurde obbeschriebene alte Schwarzwälder Uhr an ihrer Wand lebendig und hub von selber fröhlich zu gehen an.

Da beschlossen die sämtlichen Prüfer, dem *Hallgarten 1857er* kein Prädikat mehr zu erteilen, sondern einfach von obbemeldeter Tatsache Akt zu nehmen.

Wurde übrigens von sämtlichen Eingangs Genannten die Gesundheit der Heidelberger Benefaktoren mit einem Ausdruck von Herzlichkeit und Erquickung getrunken, die den Berichterstatter zu der fröhlichen Überzeugung brachte, daß dem Weine eine länder- und völkerverbindende Kraft segensreich innewohnt.

Hochwirdigster Engerer!

Schädigung durch Klosterleute betreffend.

Leider ist Schreibens nicht viel, wegen viel Schreiben, sonst stünd Zahlreiches zu berichten, da nicht ohne Erfolg zahlreiche Feldzüge in Hegäuw, Wutachtal, so ich sogar in einem lateinischen Poem verherrlicht habe, Schwarzwald und Neckarböblingisches unternommen wurde.

Und ist eben dies die strategische Bedeutung Donauöschingens, daß der Mensch, auf zwei, drei Stunden Entfernung sich ausbreitend, verschiedenster Formationen und Gebiet Bier trinkend erreicht. Und behalte ich mir vor, zur Kenntnis des hochwirdigen Engeren in mündlichem Vortrag mehrere ausgezeichnete Stationsorte zu bringen, wo auch Leumundszeugnisse über mein seitheriges pflichttreues Verhalten eingeholt werden mögen.

Aber im Kloster Rheinau, hochwirdigster Engerer, habe ich hartes Unrecht leiden müssen. Und das war so:

Setze mich eines schönen Junitages, am Sonntag ante Petrum et Paulum auf einen langen Waidling und fahre am Schaffhauser Wasserfall weg auf dem grünen Rhein – an dessen Ufer das ausgegangene aber noch trümmerumwallte Schwabeneck und der keltische Landeplatz Nohl liegt – talabwärts. Lande auch richtig auf der Insel, die das alte Kloster trägt, und heische Einlaß; drei Gründe der Einlagerung entschieden vorhanden:

1. altkeltische Sympathien für Sanct Fintanum, der hier sich eingeschlossen und furchtbare keltische Beschwörungsworte, *ataich*, *okysel*, und *farkysel* in die Nacht hinausgebrüllt, wenn die Teufel ihn plagten,

2. die überirdische Bibliothek,

3. die unterirdische Bibliothek.
Geht überhaupt dem Orte ein guter Leumund voraus, wie denn auch die württembergischen Ulanen, die in badischen Okkupationszeiten auf Besuch oft hinüberritten, jedesmal ihre vollkommene Zufriedenheit aussprachen.

Also lande ich mit meinem langen Rheinschiff und heische Einlaß und Gastfreundschaft ... und war mein Hauptaugenmerk auf den Rheinauer Schlaftrunk gerichtet, der seinerzeit auch dem Leutnant von Zeppelin als eine ganz vernünftige Einrichtung erschien. Besagter Schlaftrunk findet sich nämlich in Gestalt einer Maßflasche, gefüllt mit Auslese aus den Rebbergen, genannt zum Korb, auf des Gastes Kemenate vor ... Wer aber einmal den Rebensaft, der auf dem Korb gedeiht, mit Überlegung gekostet, der vergißt sein nicht wieder. Darum ist der Rheinauer Vesperschluck ein Wahrzeichen des Orts, – wie der Tod zu Basel, der Unnoth in Schaffhausen und der Kaplan mit dem roten Regenschirm in Löfflingen bei Neustadt. Item war der Empfang zu Rheinau wie es einem peregrinus honestus gebührt ... und gab man mir gar ein lieblich hohes Schlafzimmer in einem Erkerturm, vor dessen Fenstern der Rhein kräftig und stolz vorbeiströmt, so daß mir eine Mondscheinnacht mit beihilfe dessen, was im Korb gedeiht, ein liebsam Ziel der Fahrt erschien.

Hab mich auch anständig betragen, mit dem Prälaten getafelt, mit dem pater Ambrosius und meinem Kollegen dem pater leodegari im Klostergarten einen tapferen Rambo gekegelt und Spuren auf Heidelberger Museumsbahn gemachter Studien zurückgelassen, hab sodann in der unterirdischen Bibliothek eine gründliche topographische Untersuchung vorgenommen, und viel dortige Codices probiert — aber nicht alle, denn es waren zweimal 40 Stückfässer und die Gewalt des Siebenundfünfzigers eine große.

Wohlbemerkt, hochwirdigster Engerer, damals wußte keiner, wes Namens und Geistes ihr Gast. Bei der Abendtafel aber mußt ich mich nach Geschlecht, Herkunft und früherem Standort namhaft machen. Bemerke, daß einer den andern ein weniges an der Kutte zupft.

Item, halte mich wiederum fest.. und rücke gegen 10 Uhr in meine Schlafkemenate, der Überraschung fröhlich entgegengehend.

Hochwirdigster Engerer: da stand auf meinem Tisch das hohe Stengelglas umgestülpt, die Maßflasche lag schlotternd und leer auf dem Bauch, der Teller verkehrt und neben dem Ganzen stund ein lebensgroßer Pferdefuß von Holz! Des Ganzen Anblick aber war folgender:

Man muß Symbolik studiert haben, um zu wissen, daß solcher plastischer Gestaltung stets eine Bedeutung unterliegt. Diesmal war sie keine mystische. Hochwirdigster Engerer... des anderen Tages dankte ich für genossene Gastfreundschaft, gab den Köchen und Dienern ein anständig Douceur, sprach *okysel na farkysel!* und verzog mich zu den eidgenössischen Förstern nach Schaffhausen.

Im Kloster Rheinau hatten sie den *Ekkehard* gelesen, und besagter Schlaftrunk war des Cellerarius Rache!

Hochwirdigster Engerer, ich bitte um stilles Beileid!

Ad fontes Danubii, 18. Juli 1858.

Josephus vom dürren Aste.

Trinkspruch

Ein braver Kerl trinkt immerdar,
So viele Tag' es gibt im Jahr,
Dreihundertfünfundsechzig!
Und wenn das Jahr ein Schaltjahr ist
Trinkt er als Biedermann und Christ
Dreihundertsechsundsechzig.

Bibesko

Auf dem Schlosse von Gradesko,
Hinterwärts von Temesvar,
Saß der tapfre Fürst Bibesko,
Serbiens greiser Hospodar.

Sprich! Was tat der Fürst Bibesko,
Serbiens greiser Hospodar,
auf dem Schlosse von Gradesko,
Hinterwärts von Temesvar?

»Sliwowitz« trank Fürst Bibesko,
Serbiens greiser Hospodar,
Auf dem Schlosse von Gradesko,
Bis er schwer betrunken war.

Gaudeamus

Der Granit

In unterirdischer Kammer
Sprach grollend der alte Granit:
»Da droben den wäss'rigen Jammer
Den mach' ich jetzt länger nicht mit.
Langweilig wälzt das Gewässer
Seine salzige Flut übers Land,
Statt stolzer und schöner und besser
Wird alles voll Schlamm und voll Sand.

»Das gäb' eine mitleidwerte
Geologische Leimsiederei,
Wenn die ganze Kruste der Erde
Nur ein sedimentäres Gebräu.
Am End würd' noch Fabel und Dichtung,
Was ein Berg – was hoch und was tief;
Zum Teufel die Flötzung und Schichtung,
Hurra! ich werd' eruptiv!

Er sprachs und zum Beistand berief er
Die tapfern Porphyre herbei,
Die kristallinischen Schiefer
Riß höhnisch er mitten entzwei.
Das zischte und lohte und wallte,
Als nahte das Ende der Welt;
Selbst Grauwack, die züchtige Alte,
Hat vor Schreck auf den Kopf sich gestellt.

Auch Steinkohl' und Zechstein und Trias
Entwichen, im Innern gesprengt,
Laut jammert im Jura der Lias,
Daß die Glut ihn von hinten versengt.
Auch die Kalke, die Mergel der Kreiden
Sprachen später mit wichtigem Ton:
»Was erstickte man nicht schon bei Zeiten
Den Keim dieser Revolution?«

Doch vorwärts, trotz Schichten und Seen,
Drang siegreich der feurige Held,
Bis daß er von sonnigen Höhen
Zu Füßen sich schaute die Welt.
Da sprach er mit Jodeln und Singen:
»Hurra! das wäre geglückt!
Auch unsereins kann's zu 'was bringen,
Wenn er nur herzhaftiglich drückt!«

Der Ichthyosaurus

Es rauscht in den Schachtelhalmen,
Verdächtig leuchtet das Meer,
Da schwimmt mit Tränen im Auge
Ein Ichthyosaurus daher.

Ihn jammert der Zeiten Verderbnis,
Denn ein sehr bedenklicher Ton
War neuerlich eingerissen
In der Liasformation.

»Der Plesiosaurus, der Alte,
Er jubelt in Saus und Braus,
Der Pterodactylus selber
Flog neulich betrunken nach Haus.

»Der Iguanodon, der Lümmel,
Wird frecher zu jeglicher Frist,
Schon hat er am hellen Tage
Die Ichthyosaura geküßt.

»Mir ahnt eine Weltkatastrophe,
So kann es ja länger nicht gehn;
Was soll aus dem Lias noch werden,
Wenn solche Dinge geschehn?«

So klagte der Ichthyosaurus,
Da ward es ihm kreidig zumut;
Sein letzter Seufzer verhallte
Im Qualmen und Zischen der Flut.

Es starb zu derselbigen Stunde
Die ganze Saurierei,
Sie kamen zu tief in die Kreide,
da war es natürlich vorbei.

Und der uns hat gesungen
Dies petrefaktische Lied,
Der fands als fossiles Albumblatt
Auf einem Kropolith.

Guano

Ich weiß eine friedliche Stelle
Im schweigenden Ozean,
Kristallhell schäumet die Welle
Am Felsengestade hinan.
Im Hafen erblickst du kein Segel,
Keines Menschen Fußtritt am Strand;
Viel tausend reinliche Vögel
Hüten das einsame Land.

Sie sitzen in frommer Beschauung,
Kein einz'ger versäumt seine Pflicht,
Gesegnet ist ihre Verdauung
Und flüssig als wie ein Gedicht.
Die Vögel sind all Philosophen,
Ihr oberster Grundsatz gebeut:
Den Leib halt' allezeit offen
Und alles andre gedeiht.

Was die Väter geräuschlos begonnen,
Die Enkel vollenden das Werk;
Geläutert von tropischen Sonnen
Schon türmt es empor sich zum Berg.
Sie sehen im rosigsten Lichte
Die Zukunft und sprechen in Ruh':
»Wir bauen im Lauf der Geschichte
Noch den ganzen Ozean zu.«

Und die Anerkennung der Besten
Fehlt ihren Bestrebungen nicht,
Denn fern im schwäbischen Westen
Der Böblinger Repsbauer spricht:
»Gott segn' euch, ihr trefflichen Vögel,
An der fernen Guanoküst',
Trotz meinem Landsmann, dem Hegel,
Schafft ihr den gediegensten Mist!«

Der Pfahlmann

Dichtqualmende Nebel umfeuchten
Ein Pfahlbaugerüstwerk im See,
Und fern ob der Waldwildnis leuchten
Die Alpen in ewigem Schnee.

Ein Mann sitzt auf hölzernem Stege
In Felle gehüllt, denn es zieht;
Er schnipft mit der Feuersteinsäge
Ein Hirschhorn und summelt sein Lied:

»Da seht mein verschwollen Gesichte
Und seht, wie bei Durchzug und Wind
Der Ureuropäer Geschichte
Mit Rheuma und Zahnweh beginnt.

»Zwar klopf' ich mit steinernen Beilen
Und Keulen mir Bahn durch die Welt,
Doch ist ein gemütlich Verweilen
Noch täglich in Frage gestellt.

»Im Wald stört das Raubtier mit Schreien
Den Schlaf im durchhöhleten Stamm,
Und bau' ich mein Hüttlein im Freien,
So stampft mir's der Urochs zusamm.

»Drum lernt' ich vom biederen Biber
Und stelle als Wohnungsbehilf,
Je weiter vom Festland je lieber,
Den Pfahldamm in Seegrund und Schilf.

»Auch hier muß ich vieles noch meiden,
Was späterer Zeit einst gefällt:
Gern trüg' ich ein Schwert an der Seiten
– Es gibt weder Eisen noch Geld.

»Gern zög' ich Gewinn vom Papiere
– Noch sind keine Börsen gebaut;
Gern ging ich des Abends zum Biere
– Es wird noch keines gebraut.

»Und denk' ich der Art, wie wir kochen,
Gesteh' ich selber, 's ist arg:
Wir spalten dem Torfschwein die Knochen
Und saugen als Kraftsaft das Mark.

»Wie kann sich der Geist da schon lenken
Auf höh'res Kulturideal?
In all unserm Fühlen und Denken
Steckt rammeltief Pfahl neben Pfahl.«

Der Mann sang's mit heiserer Kehle,
Da schwoll mit dem Rheuma sein Grimm,
Zwei Bären beschlichen die Pfähle
Und schnupperten kletternd nach ihm.

Da schmiß er zum Pfahlküchenkehricht
Beil, Hirschhorn und Trinkkrug von Ton,
Sprang husch! wie ein Frosch ins Geröhricht
Und schwamm mit Fluchen davon.

Wo einst man die Stätte errichtet
Zum keltischen Seehüttendorf,
Ruht jetzt eine Fundschicht geschichtet,
Tief unter dem Seeschlamm und Torf.

Der diesen Gesang schuf zum Singen,
Hat selber den Moder durchwühlt
Und bei den gefundenen Dingen
Einen Stolz als Kulturmensch gefühlt.

Altassyrisch

Im schwarzen Walfisch zu Askalon
Da trank ein Mann drei Tag,
Bis daß er steif wie ein Besenstiel
Am Marmortische lag.

Im schwarzen Walfisch zu Askalon
Da sprach der Wirt: »Halt an!
Der trinkt von meinem Dattelsaft
Mehr als er zahlen kann.«

Im schwarzen Walfisch zu Askalon
Da bracht' der Kellner Schar
In Keilschrift auf sechs Ziegelstein
Dem Gast die Rechnung dar.

Im schwarzen Walfisch zu Askalon
Da sprach der Gast: »O weh!
Mein bares Geld ging alles drauf
Im Lamm zu Niniveh!«

Im schwarzen Walfisch zu Askalon
Da schlug die Uhr halb vier,
Da warf der Hausknecht aus Nubierland
den Fremden vor die Tür.

Im schwarzen Walfisch zu Askalon
Wird kein Prophet geehrt,
Und wer vergnügt dort leben will,
Zahlt bar, was er verzehrt.

Die Teutoburger Schlacht

Als die Römer frech geworden,
Zogen sie nach Deutschlands Norden,
Vorne beim Trompetenschall
Ritt der Generalfeldmarschall,
Herr Quinctilius Varus.

Doch im Teutoburger Walde
Hu, wie pfiff der Wind so kalte;
Raben flogen durch die Luft
Und es war ein Moderduft
Wie von Blut und Leichen.

Plötzlich aus des Waldes Duster
Brachen krampfhaft die Cherusker;
Mit Gott für Fürst und Vaterland
Stürmten sie von Wut entbrannt
Gegen die Legionen.

Weh! das war ein großes Morden.
Sie erschlugen die Kohorten;
Nur die römische Reiterei
Rettete sich noch ins Frei',
Denn sie war zu Pferde.

O Quinctili, armer Feldherr!
Dachtest du, daß so die Welt wär?
Er geriet in einen Sumpf,
Verlor zwei Stiefel und einen Strumpf
Und blieb elend stecken.

Da sprach er voll Aergernussen
Zum Centurio Titiussen:
»Kamerade, zeuch dein Schwert hervor
Und von hinten mich durchbohr,
Da doch alles futsch ist.«

In dem armen römischen Heere
Diente auch als Volontäre
Scävola, ein Rechtskandidat,
Den man schnöd gefangen hat,
Wie die andern alle.

Diesem ist es schlimm ergangen;
Eh' daß man ihn aufgehangen
Stach man ihn durch Zung' und Herz,
Nagelte ihn hinterwärts
Auf sein Corpus Juris.

Als die Waldschlacht war zu Ende,
Rieb Fürst Hermann sich die Hände,
Und um seinen Sieg zu weih'n,
Lud er die Cherusker ein
Zu 'nem großen Frühstück.

Nur in Rom war man nicht heiter,
Sondern kaufte Trauerkleider.
Grade als beim Mittagsmahl
Augustus saß im Kaisersaal,
Kam die Trauerbotschaft.

Erst blieb ihm vor jähem Schrecken
Ein Stück Pfau im Halse stecken,
Dann geriet er außer sich
Und schrie: »Varus, Fluch auf dich!
Redde Legiones!«

Sein deutscher Sklave, Schmidt geheißen,
Dacht': »Ihn soll das Mäusle beißen,
Wenn er sie je wieder kriegt,
Denn wer einmal tot da liegt,
Wird nicht mehr lebendig.«

Und zu Ehren der Geschichten
Tat ein Denkmal man errichten,
Deutschlands Kraft und Einigkeit
Verkündet es jetzt weit und breit:
»Mögen sie nur kommen!«

LE CANON PRUSSIEN. — Dessin de M. Gaildrau.

Am Grenzwall

... barritum civere vel maximum, Qui clamor ipso fervore certaminum a tenui susurro exoriens paullatimque adulescens ritu extollitur fluctuum cautibus illisorum ...
Ammian. Marcellin. XVI 12.

Ein Römer stand in finstrer Nacht
Am deutschen Grenzwall Posten,
Fern vom Kastell war seine Wacht,
Das Antlitz gegen Osten ...
Da regt sich feindlich 'was am Fluß,
Da schleicht und hallt 'was leise ...
Kein Paean von Horazius,
Ganz wildfremd war die Weise:
»Ha' .. hamm' .. hammer dich emol, emol, emol
An dei'm verrissene' Kamisol,
Du schlechter Kerl!«

An eine Jungfrau Chattenstamms
Hatt' er sein Herz vertandelt
Und war ihr oft im Lederwams
Als Kaufmann zugewandelt.
Jetzt kam die Rache ... eins, zwei, drei!
Jetzt war der Damm erklettert ...
Jetzt kam's wie wilder Katzen Schrei
Und Keulenschlag geschmettert:
»Ha' .. hamm' .. hammer dich emol, emol, emol
An dei'm verrissene' Kamisol,
Du schlechter Kerl!«

Er zog sein Schwert, er blies sein Horn,
Focht als geschulter Krieger,
Fruchtlos war Mut und Römerzorn,
Die Wilden blieben Sieger.
Sie banden ihn und trugen ihn
Wie einen Sack von dannen;
Als die Kohort' am Platz erschien,
Scholls fern schon durch die Tannen:
»Ha' .. hamm' .. hammer dich emol, emol, emol
An dei'm verrissene' Kamisol,
Du schlechter Kerl!«

Versammelt war im heiligen Hain
Der Chatten Landsgemeinde,
Ihr Odinsjulfest einzuweih'n
Mit Opferblut vom Feinde.
Der fühlt sich schon als Bratenschmor
In der Barbaren Zähnen,
Da sprang sein blonder Schatz hervor
Und rief mit heißen Tränen:
»Ha' .. hamm' .. hammer dich emol, emol, emol
An dei'm verrissene' Kamisol,
Du schlechter Kerl!«

Und alles Volk sprach tiefgerührt
Ob solcher Wiederfindung:
»Man geb' ihn frei und losgeschnürt
Der Freundin zur Verbindung!
Nimmt sie ihn hier vom Fleck als Frau,
Sei alle Schuld verziehen.
Und heut noch wird im ganzen Gau
Als Festbardit geschrien:
»Ha . . hamm' . . hammer dich emol, emol, emol
An dei'm verrissene' Kamisol,
Du schlechter Kerl!«

Am Grenzwall.

Das Hildebrandlied

Hiltibraht enti Hadhubrant . . .

Hildebrand und sein Sohn Hadubrand,
Hadubrand,
Ritten selbander in Wut entbrannt,
Wut entbrannt
Gegen die Seestadt Venedig.

Hildebrand und sein Sohn Hadubrand,
Hadubrand,
Keiner die Seestadt Venedig fand,
Venedig fand,
Da schimpften die beiden unflätig.

Hildebrand und sein Sohn Hadubrand,
Hadubrand,
Ritten bis da, wo ein Wirtshaus stand,
Wirtshaus stand,
Wirtshaus mit kühlen Bieren.

Hildebrand und sein Sohn Hadubrand,
Hadubrand,
Trunken sich beid' einen Riesenbrand,
Riesenbrand,
Krochen heim auf allen Vieren.

Die Martinsgans

Tischlied beim großen Gansschmaus im Museum
am 11. November 1857

Eram nive candidior
Quavis ave formosior
Modo sum corvo nigrior
Refl. miser! miser!

Nunc in scutella iaceo
et volitare nequeo,
dentes frendentes video
Refl. miser! miser!
modo niger et ustus fortiter.
Carmina Burana p. 173

Der Mensch ist ein Barbar von Natur,
Er achtet nicht im mindesten die Nebenkreatur,
Tut sieden sie und braten,
Verspeist sie mit Salaten,
Schütt't Wein oben drauf aus güldnem Gefäß
Und nennt das gelehrt: Ernährungsprozeß.

Mich gute Gans haben s' auch erwischt
Und allezeit gerupft und aufgetischt.
Zum Könige Gambrinus
Sprach einst schon Sankt Martinus:
»Die Welt, edler Herr, ist nicht viel nütz,
Doch trefflich schmeckt zu Bier wie Wein ein Pfaffen-schnitz.«

Der eilfte Novembris war der Tag,
Allwo er dieses Wort mit Nachdruck sprach:
Drum braten brave Leute
Die Martinsgans noch heute,
Ich armer Vogel, ist das mein Lohn,
Daß man mich tot verzehret auf Subskription?

Wie anders war's, da auf der Weid
Als Gänsulein ich prangte im Flügelkleid?!
  Auf *einem* Fuße stehend
  Und Aug' und Schnabel drehend
Zum Liebsten, der just über den Rhein
In männlicher Reife als Gänserich kam heim.

O hätt' ich nie gemußt in die Stadt,
Wo niemals eine Köchin eine Bildung hat!
  Sie lachte sehr gemeine
  Und preßt' mich an die Beine
Und sprach: »Ob's dich auch drückt und verkropft,
Mit Welschkorn wirst du jetzt vollgestopft!«

So wird' ich schon bei lebender Zeit
Zu Braten und Pasteten vorbereit't;
  Mein Geist geht sehr zurücke,
  Die Leber nur wird dicke;
Sie fragen nicht mehr: Ist schön ihr Gesicht?
Sie fragen allein: Wie fällt sie ins Gewicht?

Ist das der Dank, daß unsere Schar
Der Hauptstadt der Welt Erretterin einst war?
  Von wegen Weinverkosten,
  Schlief alles auf den Posten,
Ohn' unser tapfer Schnattern und Schrei'n
Hätt' Rom schon anno Tubak französisch müssen sein.

Ihr schmausende Herrn, doch spart Euern Hohn,
Wir retten nicht zum zweitenmal die Zivilisation:
Und stürmt am Kapitole
Rheinwein, Bordeaux und Bowle,
Keine Gans wird Euch mehr warnen und krähn,
Doch jammernd werden morgen
die Katzen vor Euch stehn.

Die letzte Hose

Letzte Hose, die mich schmückte,
Fahre wohl! dein Amt ist aus,
Ach auch dich, die mich entzückte,
Schleppt ein andrer nun nach Haus.

Selten hat an solchen Paares
Anblick sich ein Aug erquickt;
Feinster Winterbuxking war es,
Groß kariert – und nie geflickt!

Mit Gesang und vollen Flaschen
Grüßt ich einst in dir die Welt;
Zum Hausschlüssel in der Taschen
Klang noch froh das bare Geld.

Aber längst kam das Verhängnis,
Die Sechsbätzner zogen fort,
Und das Brückentorgefängnis
Ist ein dunkler stiller Ort . . .

Längst verschwand, was sonst versetzlich,
Frack – und Rock – und Mantels Pracht.
Nun auch du! es ist entsetzlich! . .
Letzte Hose, gute Nacht!

Tag der Prüfung, o wie bänglich
Schlägt mein Herz und fühlt es hell:
Alles Irdische ist vergänglich
Und das Pfandrecht schreitet schnell!

Nirgends winkt uns ein Erlöser,
Letzte Hose! . . es muß sein! . .
Elkan Levi, dunkler, böser
Trödler, nimm sie! . . Sie sei dein!

Stiefelfuchs, du alter treuer,
Komm und stütz mein Dulderhaupt!
Noch ein einziger Schoppen Neuer
Sei dem Trauernden erlaubt.

Der Trompeter von Säkkingen

*»Wer ist dort der blonde Fremde,
Der auf Don Paganos Dache
Wie ein Kater auf und ab geht?«*

Es ist Joseph Victor Scheffel, 27jähriger Doctor iuris, »behufs Antritt einer größeren Reise« vom Bruchsaler Hofgericht beurlaubter Rechtspraktikant, gescheiterter Landschaftsmaler – nun dichtender Einsiedel, der sich auf der Terrasse einer Capri-Herberge nach dem Versmaß spanischer Trochäen bewegt: Erst ein starker Tritt, dann ein schwacher, nach je vier solchen zwischen Betonung und Unbetonung wechselnden Schritten wird Luft geholt.

Der rhythmische Spaziergang auf dem Dache wird Sprache, epische Poesie. Scheffel dichtet, den Tonfall seines Erzählens abschreitend, den »Trompeter von Säkkingen« in der italienischen Aprilsonne des Jahres 1853. Dabei und damit verarbeitet er das »Gefühl unendlichen Ekels«, das ihn befallen hatte, indem er gegen dieses Seelentief eine Geschichte erfindet, reich an Rührung, Gemütslabsal und Leidvertreib. Er, der wenige Monate zuvor seinem Freunde Schwanitz klagte: »... leider hab ich sogar den Humor verloren, der sonst als grüne Pflanze (Mauerpfeffer, sedum acre) aus den Trümmern abgelebter Zeiten hervorsproßte ...«, findet seinen Humor, auch den mauerpfeffrigen, wieder und würzt damit die sentimentalen Sänge von »Liebe und Trompetenblasen«.

Was da aus dem körperlich metrischen Auftritt des Poeten, der erzählten Glücks-Erdichtung in historischen Kostümen »abgelebter Zeiten« und dem ironisch-humoristischen Brückenschlag zu einer literarischen Unterhaltungsfamiliarität – das Werk ist »dem Elternpaar« in Karlsruhe zugeeignet – gelang, war zunächst ein höchst bescheidener Erfolg im deutschen Bücherladen. Vierzehn Jahre währte es, bis die vierte Auflage erscheinen konnte. Doch dann wuchs mit der Glorie des Kaiserreiches und dem Ruhm des badischen Gaudeamus-Sängers auch die Klangpracht des »Trompeters« zu orchestralem Marktvolumen. Als Scheffel 1886 starb, war die 140. Auflage vergriffen, bis zum Ersten Weltkrieg wurde das Epos über 300 mal neu gedruckt. Es war zum erfolgreichsten Buch des 19. Jahrhunderts geworden.

Dieser Erfolg zur geschäftstüchtigen Gründerzeit lag sicher nicht im zarten Sarkasmus der Schreibart und an der oft ins Selbstironische sich rettenden Melancholie: Immerhin war ein Säkkinger Grabstein erster Erzählimpuls, hatten die inspirierenden Musen sich in die philiströse Animalität einer »epischen Charakterkatze« verwandelt, wird das freudentrunkene Schlußwort mitsamt dem Märchenglück des Finales der alkoholisiert träumenden Domestiken-Perspektive des Kutschers Anton überlassen. Nicht derlei spielende Epiker-Distanz ließ – wie man aus den Zeugnissen der Wirkung schließen darf – die Beliebtheit steigen, der Erfolg gründete vielmehr im poetischen Glücks- und Fluchtangebot der rührenden Fabel, die mit wahrhaft päpstlichem Happy-End den Aussteiger zum Aufsteiger adelt, die Liebenden vereint und aus der Trompetenkunst das Kunstglück einer oberrheinisch heilen Welt gewinnen läßt. Diese Geschichte von Liebestreue, Kunstadel, Rheinromantik und Schwarzwaldidylle wurde geliebt, seelenvoll veropert. Das wehmütige Abschiedslied Werners mit dem Kehrreim »Behüet' dich Gott, es hat nicht sollen sein« ward landauf, landab gesungen und auf der

Solotrompete in die Weite geblasen. Das Epos erschien in englischer, holländischer, italienischer, spanischer Sprache, Teile sogar im Welthilfs-Idiom Volapük des Litzelstetter Pfarrers Schleyer. Zahlreiche Parodien (»Der Trompeter von Krächzingen«, »Der Sekt von Trompetingen«, »Kaiser Wilhelm II. und der Trompeter von Jericho« u.a.m.) suchten von Scheffels Ruhm zu profitieren, ohne dem Werk Schaden an seiner Popularität zuzufügen.

Scheffel empfiehlt sein Werk dem geselligen Vortrag, daher heißt es »Ein Sang vom Oberrhein«. Da das ganze Werk mit seinen rund 7000 Versen in sechzehn »Stükken« für dieses »Alemannische Libell« zu umfänglich, für das Poeten-Potpourri eine zu kompakte Konkurrenz für die anderen Texte wäre, sollen hier etliche Partien als Stilproben, Vortragsstücke, Handlungsepisoden versammelt werden. Sie wollen Köder sein, die sich dem geneigten Leser zum Fang des ganzen Werkes als tauglich erweisen möchten. Um das Rührende der Geschichte nicht allzuweit dem Leserbedürfnis zu entrücken, werden die Auswahlstücke in einen knapp nacherzählenden Text eingebettet. So wird versucht, die Handlung in einer – selbstverständlich unzulänglichen – prosaischen Kurzfassung mitzuteilen, einige Glanzlichter des Originals aber im poetischen Wortlaut Scheffels leuchten zu lassen.

Jung Werner reitet – es sind einige Jahre seit dem Ende des Dreißigjährigen Krieges vergangen – im März durch den Schwarzwald. Noch wirbelt unwirtlicher Winter-Mummenschanz um den Jüngling, der sein Pferd unter sich, Degen und güldene Trompete zu seinen Seiten und die Sehnsucht in sich hat, endlich aus der Einsamkeit wieder unter Menschen zu finden. Weltsicht und Gemütsverfassung bündelt er in einem *Selbstgespräch hoch zu Roß:*

Schweigsam durch des Waldes Dickicht
Ritt fürbaß er, oftmals schweiften
Seine Blicke, so wie eines,
Der zum erstenmal, ein fremder
Wandersmann, den Weg erspäht.
Rauh der Pfad — das Rößlein wollte
Oft im Schnee versinken oder
Im Geäst der wildverschlungnen
Tannenwurzeln strauchelnd stürzen.
Und der Reiter dachte brummend:
»'s ist mitunter doch langweilig,
Einsam durch die Welt zu ziehen:
Fälle gibt's und Tannenwälder,
Wo der Mensch sich sehnt zum Menschen.
Seit ich Abschied heut genommen
Von den Mönchen zu St. Blasien,
Wurde leer und öd die Straße.
Da und dort noch ein versprengter
Landmann, der im Schneegestöber
Kaum den Gruß zu bieten wußte;
Dann noch ein paar schwarze Raben,
Die mit heiserem Gekrächze
Zankten um 'nen toten Maulwurf;
Aber seit zwei Stunden hatt' ich
Nicht die Ehre, nur ein einzig
Lebend Wesen zu erschaun.
Und in diesem Waldesbanne,
Wo die schneeverhüllten Tannen

Wie in Leichentüchern dastehn,
Ritt' es besser sich selbander.
Wären's Schelmen und Zigeuner,
Wären's selber jene beiden
Sehr verdächtigen Kumpane,
Die den alten Rittersmann einst
Durch die Waldesnacht begleitet
Und ihm bald als Tod und Teufel
Schnöd ins Angesicht gegrinst:
Lieber wollt' mit ihnen reiten
Oder raufen oder ihnen
Eins aufspielen, als alleine
Weiter durch die Tannen traben!«
Alles nimmt ein End' hiennieden,
Auch das Reiten durch die Wälder.
Lichter wurd' es um die Stämme,
Schneegewölk und Sturm verzog sich,
Und der blaue Himmel schaute
Freundlich in das Tannendunkel.
So dem Bergmann, aufwärts fahrend,
Glänzt an Schachtes End' ein fernes
Sternlein; — 's ist das Licht des Tages,
Und er grüßt's mit frohem Jauchzen,
Auch des Reitersmannes Antlitz
Wurde hell und freundlicher;
Bald erreichet war der Waldrand,
Und der Blick, der in der Enge
Lang unheimlich war befangen,
Schweifte fröhlich in die Weite.

Er setzt die Trompete an, und die Botschaft seines einsamen Solos erreicht das Ohr des Pfarrherrn im nahen Dörflein. Über die Töne des Trompeten-Orpheus gelingt die Begegnung mit dem ländlichen Seelenhirten, den der Dichter seinen urbanen Hörern vorstellt mit einem *Lob undogmatischer Geistlichkeit:*

Ihr dort, die im Dunst der Städte
Mauern trennen und Gedanken
Von real einfachem Leben,
Zuckt die Achseln, denn mein Sang will
Freudig einen Kranz hier winden
Für den Pfarrherrn auf dem Lande.
Schlicht sein Leben – wo des Dorfes
Feldmark aufhört, waren auch die
Grenzen seiner Wirksamkeit.
Drauß im Dreißigjähr'gen Kriege
Schlugen sie zur Ehre Gottes
Sich die Schädel ein, ihm hatten
Längst die stillen Schwarzwaldtannen
Friede ins Gemüt gerauscht.
Spinnweb lag auf seinen Büchern,
Und zu zweifeln steht, ob aus dem
Schwarm des theolog'schen Haders
Er nur *eine* Schrift gelesen.
Überhaupt war's mit Dogmatik
Und des Wissens schwerem Rüstzeug
Spärlich sehr bei ihm bestellt.
Aber wo's in der Gemeinde
Einen Span galt auszugleichen,
Wo die Nachbarn hämisch stritten,
Wo der Dämon böser Zwietracht
Ehe stört' und Kindestreue,
Wo des Tages Not und Elend
Schwer den armen Mann bedrückte
Und die hilfbedürft'ge Seele

Sich nach Trost und Zuspruch sehnte,
Da, als Friedensbote, kam der
Alte Herr einhergeschritten,
Wußt' für jeden aus dem Schatze
Reichen Herzens Rat und Labsal.
Und wenn drauß in ferner Hütte
Einer auf dem Sterbelager
Mit dem Tod den harten Kampf rang,
Da – um Mitternacht – zu jeder
Stund', wo's an die Pforte klopfte,
– Ob auch Sturm den Pfad verwehte –
Klomm er unverzagt zum Kranken,
Spendet ihm den letzten Segen.
Einsam stand er selbst im Leben,
Seine nächsten Freunde waren
Die zwei Hunde vom Sankt Bernhard
Und sein Lohn: oft nahte schüchtern
Ihm ein Kind, und ehrerbietig
Küßte es die greise Hand ihm;
Oft auch um ein totes Antlitz
Zuckte dankbar noch ein Lächeln,
Das dem alten Pfarrherrn galt.

Der gute Landgeistliche lädt, zum Schrecken seiner mehr auf Sparsamkeitswirtschaft als auf Gästebewirtung bedachten Haushälterin, den berittenen Vaganten ein. Beim Mahle mit gebratenem Huhn erfährt der Pfarrer, wer sein Gast ist. Der gibt auf Nachfrage willig Auskunft und zugleich seine *Poetische Vorstellung:*

»Der hier sitzt, heißt Werner Kirchhof,
In der Pfalz ist meine Heimat,
In der Pfalz, zu Heidelberg.

›Alt Heidelberg, du feine,
Du Stadt an Ehren reich,
Am Neckar und am Rheine
Kein' andre kommt dir gleich.

Stadt fröhlicher Gesellen,
An Weisheit schwer und Wein,
Klar ziehn des Stromes Wellen,
Blauäuglein blitzen drein.

Und kommt aus lindem Süden
Der Frühling übers Land,
So webt er dir aus Blüten
Ein schimmernd Brautgewand.

Auch mir stehst du geschrieben
Ins Herz gleich einer Braut,
Es klingt wie junges Lieben
Dein Name mir so traut.

Und stechen mich die Dornen,
Und wird mir's drauß zu kahl,
Geb' ich dem Roß die Sporen
Und reit' ins Neckartal.‹

Mehr noch berichtet Werner: Der Vormund hatte den begabten Waisen zum Juristen bestimmt, gewünscht, ihn dermaleinst auf dem »Hohen Reichsgericht zu Wetzlar« zu erleben. Doch das schwergewichtige Corpus Iuris, mehr noch das mumiengelbe Professorenantlitz auf dem rechtshistorischen Katheder mißfielen dem Studenten. Er versetzte Gesetzbuch und wählte den Ausstieg aus der akademischen Beflissenheit. Zuspruch für ein freies, ebenso schlag- wie trinkfestes Leben bot ihm der mythische Zwerg Perkeo vom Heidelberger Faß. Der hielt ihm einst eine mächtige Standrede über die *Kontemplative Trinkung:*

»Oben heißt's: ich sei ein Narre,
Laß sie's schwatzen, lieber Junge,
Nimmer kümmert das Geschwatz mich.
O, die Welt ist dumm geworden!
Wie sie tappen, wie sie haschen
Nach der Wahrheit, – und es fährt doch
Immer ihre Stang' im Nebel
Auf die Gründe aller Dinge
Muß der Mensch zurückgehn, und er
Muß der Forschung Endergebnis
In konkrete Formen bringen.
So gewinnt er Weltanschauung;
Solchen Zweck erstrebend trink' ich.
Kosmogonisch ist mein Trinken:
Seh' den Weltenraum als eine
Luftig große Kellerwölbung,

Drin als Ur- und als Zentralfaß
Ist die Sonne aufgepflanzet
Und in Reih' und Glied die kleinern
Fässer – Fixstern' und Planeten.
Wie die Fässer mannigfache
Sort' und Qualität des Weines,
Bergen die Weltkörper einen
Vielgestuften Geisterinhalt:
Landwein der, – der Rüdesheimer;
Doch das Erdfaß birgt Gemischtes:
Gärende Zersetzung hat den
Geist getrübt halb, halb verflüchtigt.
Der Materie und des Geistes
Gegensatz wird durch das Denken
Zu organisch höh'rer Einheit.
Also über Wein und Fasse
Schwebt mein schöpferisches Trinken,
Und wenn durch den Schädel mir des
Weins Revelationen brausen,
Wenn mein morscher Leichnam taumelnd
An dem Fasse niedersinkt:
Das ist der Triumph des Geistes,
Ist die Tat der Selbstbefreiung
Aus des Daseins nicht'gen Schranken.
So erschließt in meiner Klause
Klar sich mir die Weltenordnung.
Anders stünd' es um die Menschheit,
Hätten die Germanen ihren
Innersten Beruf erkannt und
Das Panier des stillen Trunkes,
Den bewußten Kult des Weines –
Wie den Feuerdienst der Perser –
Durch die ganze Welt getragen!‹

Animiert von derlei trunkner Weisheit wagte Werner dann, der Kurfürstin ein kecke, trompetenstarke Serenade zu bringen, worauf der Pedell ihn zum Rektor zitierte, dieser ihn »ob unbefugtem Blasen und noch unbefugterm Singsang« von der Hochschule und aus der Stadt verwies. Der Pfarrer hat für den zwangsexilierten Gast nicht nur den wohlfeilen Trost, daß alles hätte noch schlimmer kommen können, er weiß ihm auch einen Rat: Werner solle nach Säkkingen reiten und sich dem Patronat des heiligen Fridolin anvertrauen.

Wie dieser geheiligte irische Missionar im frühen Mittelalter an den Oberrhein kam, mit wie großer christlicher Geduld und nach welchen handgreiflichen Hemmnissen es ihm gelang, die schweren Schädel der Alemannen »fromm und artig« zu machen, erfährt der Epenfreund, ehe Werner am Festtag des Säkkinger Sanctus – es ist der 6. März – in die Stadt einreitet. Eine nach Rang und Stand geordnete Prozession zieht an ihm vorüber, doch in der Fülle der Gestalten fällt sein Blick vor allem auf ein »schlankes blondes Fräulein, Veilchenstrauß im Lockenhaare« – und es kommt, wie's kommen muß: »Den Mann hat's – Nichts sag' ich weiter.«

Nach der prächtigen Kirchenfeier geben die Säkkinger dem Heiligenfest den irdischen Rest. Jung Werner entzieht sich dem Pfropfenknall und Becherklang. Einsam am Stromesstrand denkt er ans »süße, milde Jungfraunantlitz«, und der redende Rhein trägt nicht nur seine flüssige Lebensgeschichte ans Ohr, sondern macht ihm Mut zur Liebe und murmelt ihm den Namen seiner Liebe auf den ersten Blick zu: Margareta.

Werner, in einer Seelen-Entrückung, die nicht mehr Eigentums- und Nutzungsrechte zu bedenken fähig ist, bindet einen Kahn los, rudert in die Nähe des Schlosses und bläst sein Glück auf der Trompete »melodisch durch die Nacht hin«.

In diesem Schlosse lebt ein ergrauter, kampfvernarbter, vom Zipperlein im linken Zeh geplagter Freiherr. Er hält »der Erinn'rung große Heerschau«, träumt, zu Füßen den schnurrenden Kater Hiddigeigei, von einst siegreichen Bataillen des großen Krieges. Sein freiherrliches Adelsbewußtsein umwölkt er mit Pfeifenqualm, was seiner Tochter – Margareta – mißfällt. Aber ihrem Tabakstadel begegnet der Reiterobrist im Ruhestand mit einer lebensgeschichtlichen Rechtfertigung, betreffend *Lebensglück und Pfeifenqualm:*

»Doch warum müßt Ihr denn immer,
Väterchen, von diesem leidig
Giftigen Tabake rauchen?
Hab' schier Furcht, wenn Ihr so dasitzt,
Tief in Wolken eingehüllt,
Wie der Eggberg in dem Nebel,
Und mich dauern stets die güldnen
Bilderrahmen an der Wand dort
Und der Glanz des weißen Vorhangs.
Hört Ihr nicht ihr leises Klagen,
Daß vom Dampf aus Eurer Tonpfeif'
Rußig, blaß und grau sie werden?
's mag ein wunderschönes Land sein,
Das Amerika, das einst der
Span'sche Admiral entdeckte,
Und ich selber freu' mich an den
Buntgescheckten Papageien
Und den purpurnen Korallen,
Träum' zuweilen auch von hohen
Palmenwäldern, stillen Hütten,

Großen Blumen, Kokosnüssen
Und von bösen wilden Affen.
Beinah wünscht' ich doch, es läge
Unentdeckt im stillen Meer noch,
Um des leid'gen Rauchkrauts willen,
Das von dort zu uns gekommen.
Gern verzeih' ich einem Manne,
Wenn er oft und mehr als nötig
Sich den Rotwein aus dem Faß zapft,
Könnt' im Notfall selbst mit einer
Roten Nase mich versöhnen,
Niemals mit dem Tabakrauchen.«
Lächelnd hört' das Wort der Freiherr,
Lächelnd blies er neue Wolken
Aus der Tonpfeif' und erwidert':
»Teures Kind, – ihr Frauenzimmer
Sprecht so leicht in Tag von vielem,
Des Verständnis euch ganz abgeht.
Zwar es hat ein Kriegsmann manche
Bitterböse Angewohnheit,
Die nicht in den Frauensaal paßt;
Doch mit Unrecht schilt das Rauchen
Meine Tochter, dank' ich ihm doch
Die Gemahlin und den Hausstand.
Und dieweil mir heut manch alte
Kriegsgeschichte durch den Kopf brummt,
Setz zu mir dich – statt des Lesens
Will ich selbst dir 'was erzählen
Von dem Kraut, das du gescholten,
Und von deiner sel'gen Mutter.«
Zweifelnd sah ihn Margareta
Mit dem großen blauen Aug' an,
Nahm zur Hand die Stickerei, die

Bunten Wollknäu'l und die Nadel,
Rückt' den Schemel zu des Alten
Lehnstuhl, und sie setzt' anmutig
Sich zur Seit' ihm. – So im Walde
Rankt beim knorrig alten Eichbaum
Jugendschön die wilde Rose.
Doch der Freiherr leert' mit festem
Zug den Humpen und erzählte:
»Als der böse Krieg im Land war,
Streift' ich einst mit wenig deutschen
Reitern in dem Elsaß drüben;
Hans von Weerth war unser Obrist.
Schwed' und Franzmann lag vor Breisach,
Von manch tapferm Reiterstücklein
Machten wir ihr Lager sprechen.
Doch viel Hunde sind des Hasen
Tod, – auf einer wilden Hetzjagd
Hatte sich der ganze große
Helle Hauf' an uns verbissen,
Und aus mancher Wunde blutend
Mußten wir die Säbel strecken.
Kriegsgefangen transportierte
Der Franzos uns nach Paris, dann
In den Käfig von Vincennes.
Tod und Teufel! sprach der tapfre
Hans von Weerth, 's war doch einst lust'ger,
Im Galopp, mit blankem Pallasch
Zur Attacke anzusprengen,
Als hier, auf der Pritsche liegend,
Mit der Langweil' zu turnei'n;
Gegen die hilft keine Waffe,
Selbst nicht Wein und Würfelbecher,
Nur der Tabak, – hab's erprobet

Im gelobten Land der Langweil'
Bei den Mynheers, — 's wird auch hier uns
Guten Dienst tun, laßt uns rauchen!
Sprach's — der Kommandant der Festung
Schafft' von niederländ'schem Krämer
Uns ein Faß Varinasknaster,
Schafft' uns auch gebrannte Pfeifen.
In der Zell' der Kriegsgefangnen
Anhub bald ein ungeheures
Qualmen, Dampfen, Wolkenblasen,
Wie's in dem galanten Frankreich
Noch kein sterblich Aug' gesehn.
Staunend sahen's unsre Wächter,
Und die Kunde kam zum König,
Und der König kam höchstselber,
Anzuschaun das blaue Wunder.
Bald erzählte ganz Paris sich
Von den wilden deutschen Bären
Und von ihrer unerhörten
Wundersamen Kunst des Rauchens.
Wagen fuhren, Pagen sprangen,
Kavalier' und stolze Damen
Kamen in die enge Wachstub',
Und auch *sie* kam, *sie*, die stolze
Leanor Montfort du Plessys,
Heut noch seh' ich sie den zarten
Fuß auf unsern Estrich setzen,
Hör' die Atlasschleppe rauschen.
Und es schlug mein Reiterherz, als
Ging's ins helle Schlachtgewühl;
Wie der Dampf der Feldgeschütze
Flog der Rauch aus meiner Tonpfeif',
Und 's war gut so. Auf den Wölklein,

Die ich angesichts der Stolzen
Keck emporblies, saß Gott Amor,
Lustig schoß er seine Pfeile,
Und er wußte gut zu treffen;
Aus der Neugier wurde Teilnahm',
Aus der Teilnahm' wurde Liebe,
Und der deutsche Bär erschien ihr
Feiner bald und edler als die
Sämtlichen Pariser Löwen.
Doch ich selber, als die Pforte
Unsrer Kriegshaft aufging und der
Herold uns die Freiheit brachte,
War erst recht itzt ein Gefang'ner,
Lag in Leanorens Banden
Und verblieb drin; auch die Hochzeit,
Die uns glücklich bald zum Rhein führt',
Hat sie enger nur geschlungen.
Denk' ich dran, schier will die Träne
In den grauen Schnurrbart rollen.
Und was blieb von all der Pracht mir?
Die Erinnerung, der alte
Schwarze Kater Hiddigeigei
Und das Ebenbild Lenorens,
Du, mein Kind – Gott hab' sie selig.«
Sprach's und klopfte seine Pfeif' aus,
Streichelte den schwarzen Kater,
Doch das Töchterlein tat schalkhaft
Einen Fußfall vor dem Alten
Und sprach: »Väterchen, gebt gnädig
Einen Generalpardon mir,
's soll kein Sterbenswörtlein über
Meine Zung' hinfüro kommen
In betreff des bösen Rauchens.»

Da, er will dem Rückwärts-Galopp seines Erinnerungspferdes neu die Sporen geben, tönt Werners melodisches Trompetenständchen durch die Nacht. Sogleich erhält der Diener Anton den Auftrag, den nächtlichen Bläser ausfindig zu machen und aufs Schloß zu laden. Doch bevor am kommenden Morgen Anton den Bläser sucht, findet ihn nächtlings Margareta schon als Traumbild ihrer Seele: Sie schaut den »schlanken schmucken Jüngling« und neben ihm Fridolin, den lächelnden Heiligen.

Anton sucht nicht lange auf Straßen und Gassen, wo er allerdings etwas vom widerrechtlichen Nießbrauch eines Kahnes in der vergangenen Nacht erfährt, sondern begibt sich zur durstlöschenden Informationsquelle in den »Güldenen Knopf«, wo er wider Erwarten bald erfährt, wer den Kahn stahl und die Trompete ruhestörend blies. Er beordert Werner aufs Schloß. Dort wird Werner nicht die erwartete Zurechtweisung zuteil, vielmehr lernt er den Freiherrn als einen Obristen der Musen kennen, der nicht nur militant, sondern auch mäzenatisch ist. Der alte Adlige sattelt das *Steckenpferd des Herrenreiters:*

Hellauf klangen beide Becher.
Seinen leerend spann der Freiherr
Weiter nun des Wortes Faden:
»Seht, mein junger Freund, solang' die
Welt steht, wird's auch Menschen geben,
Die auf Steckenpferden reiten;
Der liebt Mystik und Askesis,
Jener altes Kirschenwasser.
Ein'ge suchen Altertümer,
Andre essen Maienkäfer,
Dritte machen schlechte Verse.

's ist ein eigner Spaß, daß jeder
Das am liebsten treibt, wozu er
Just am wenigsten Beruf hat.
Und so reit' auch ich mein Rößlein,
Und das Rößlein ist die edle
Musika, sie labt und stärkt mich.
Wie durch Davids Harfenspiel einst
König Saul den Kummer scheuchte,
So mit süßem Kling und Klange
Bann' ich mir des Alters Schäden
Und des Zipperleins Rumor.
Wenn ich gar mit raschem Taktschlag
Ein Orchester dirigiere,
Mein' ich oft, ich ritte wieder
An der Spitze der Schwadronen:
›Eingehauen, rechter Flügel!
Drauf, ihr scharfen Violinen!
Feuer aus den Kesselpauken!‹
Sind im Städtlein auch der tücht'gen
Spielleut' viele, – zwar es mangelt
Ihnen fein'res Kunstgefühl und
Kennerblick, doch guter Wille
Läßt verzeihn der Fehler manchen.
Violin' und Flöt' und Bratsche,
Leidlich sind bestellt sie, ja der
Kontrabaß ist ganz vorzüglich.
Aber *einer* fehlt uns, – *einer.*
Und, mein Freund, was ist ein Feldherr
Ohne Ordonnanzen? was ist
Ohne Flügelmann die Schlachtreih'?
Das Orchester ohn' *Trompeter*?«

Da der letzte Trompeter starb – volltrunken, doch noch aufrecht schmetternd, war er in den Rhein gestürzt –, soll Werner nun freiherrlicher Bläser werden. Noch hat er Bedenken, »in fremdem Dienst den Rücken krumm zu biegen«, aber ein Blick auf Margareta läßt des »Zweifels Wolken« rasch sich verziehn. Mit Handschlag wird er zum Trompeter und Gelegenheits-Schreiber verpflichtet. Das Trompeterstübchen des Erkerturms wird seine Bleibe.

Es wird Mai. Hiddigeigei, der epische Charakterkater aus der Sippe Murrs und des gestiefelten Ahnherrn, sonnt sich in Liebes-, der Freiherr in Kampfeserinnerungen. Doch im Wonnemonat ist lebensgegenwärtige Kurzweil die Parole des Tages: Der Freiherr ruft auf, im Bergsee festlichen Fischzug zu veranstalten. Die halbe Stadt bricht auf, selbst die Fürstäbtissin des Adelsstifts fährt, von Werner eskortiert, in ihrer »uraltmodischen Karosse« mit auf die Höhe. Nach dem ersten Fischzug, der nur einen alten Stiefel vom Grunde nach oben befördert, folgt der reiche zweite: Mit reichlich Butter werden die Aale, Karpfen, Hechte, Barben, Grundeln gebraten, mit waldmeisterlichem Maiwein wird das üppige Fangmahl begossen. Der Naturgenuß wird durch Kunst erhöht, als der Dorfschulmeister eine frisch gedichtete Maiwein-Hymne vorträgt und Werner diese mit Trompetentönen umschmettert. Dafür wird, aus Margaretas Hand, der Bläser mit einem Kranz aus Hasel- und Stechpalmengrün, aus Veilchen und Ranunkeln gekrönt, während der bedürftige Landpädagog mit dem dicksten Hecht belohnt wird.

Die Kunst als lebensförderliche Macht will Margareta nun groß in Szene setzen. Zum Geburtstag ihres Vaters soll als Überraschung der ambulante Künstler Fludribus ein großes antik-mythologisches Fresko in den Gartenpavillon pinseln. Fludribus hat sich auf einer bildenden Italienfahrt nicht nur die Lebensweisheit zu eigen gemacht »Lieber auf dem Dorf der Erste als in Rom der Zweite sein«, er hat im Süden sich auch an hohen Meistern geschult und sich einzuschätzen gelernt als *Meister der Bildkunst-Theorie:*

Hier am Rhein - weit in die Rund' - war
Fludribus der einz'ge Künstler;
Malte manchen Wirtshausschild,
Malt' für Kirchen und Kapellen,
Porträtiert auch Bauernbräute;
Unbezweifelt stand sein Ruhm da,
Denn so einer, scheelen Blickes,
An den Werken mäkeln wollte:
»Hier der Arm krumm, dort die Nas' schief,
Hier ein sehr geschwoll'ner Backen,«
Diesem warf er aus dem Vorrat
Seines theoret'schen Wissens
Solche Brocken an den Kopf, daß
Ihm vor lauter Perspektive,
Kolorit und Farbengebung,
Modellierung und Verkürzung
Der Verstand sofort drin stillstand.

Zur Weihe seiner Künste und als Geburtstagsgruß wird ein Konzert einstudiert, wozu eigens aus Basel Noten neuester Mode herbeigeholt werden: Ein Werk Claudios von Monteverde. Zu dieser oberrheinischen Erstaufführung versammelt sich die musikbedürftige *Säkkinger Kunstzunft:*

Kam der junge Bürgermeister,
Keuchend unter seinem schweren
Kontrabaß, auf dem so oft er
Sich des Amtes Last und Unmut,
Sich die Dummheit seines Stadtrats
Geigend aus dem Sinne strich.
Kam der feiste Kapellanus
Mit der Violine, die er
Schrill und grell zu spielen wußte,
Gleich als ob des Zölibates
Unbestimmtes Sehnsuchtdrängen
Er in Tönen klagen wollte.
Kam, das Waldhorn unterm Arme,
Der Gehilfe vom Renteiamt,
Der, zur Pein des Vorgesetzten,
Sich die dürre Zahlenarbeit
Und des Subtrahierens Öde
Mit des Waldhorns Klang belebte.
Und auch er kam angeschritten
In dem dürftigen schwarzen Rocke,
In dem abgetragnen Hute,
Er, der hagre Unterlehrer,
Dem die Musika den Mangel
Des Gehalts so schön ergänzte,
Der, anstatt mit Wein und Braten,
Süß mit Flötenspiel sich nährte.
Kamen — doch wer zählt die Schar der
Instrument' und ihrer Spieler?
Die Gesamtheit musikal'scher
Kraft des Städtleins war versammelt.
Ja, vom fernen Eisenhammer,
von Albbruck, kam der Verwalter,
Er allein der Bratsche kundig.

Wie ein Häuflein reisig Kriegsvolk,
Das, des Feinds gewärtig, sich in
Sichern Hinterhalt gelegt hat,
Also lauerten des Freiherrn
Ankunft sie – und wie der Scharfschütz,
Eh' das Treffen anhebt, sorgsam
Das Gewehr prüft, ob das Pulver
Nicht genäßt vom Tau des Morgens,
Ob der Stein noch Funken schlage:
Also, blasend, streichend, stimmend,
Prüften sie die Instrumente.

Der gefeierte Freiherr, seine Tochter und der musenkundige Prälat von St. Blasien nahen als honorables Publikum dem Gartenpavillon, erleben die Säkkinger *Meister der Tonkunst-Praxis:*

Einer Salve gleich erklang bei
Ihrem Eintritt ein gewalt'ger
Tusch – ein wirbelnd toller Tongruß,
Und wie aus gehobner Schleuße
Die Gewässer brausend stürzen,
Strömten drauf der Töne Wellen
Durch der Ouvertüre Tor den
Überraschten Herrn entgegen.
Sachverständig dirigierte
Werner, nach dem Taktschlag schwang sich
Klingend des Orchesters Reigen.
Ha, das war ein Bogenstreichen,
War ein Schmettern, ein Gegeige!
Wie die Heuschreck' hüpfte leicht die
Klarinett' durch's Tongewimmel,
Doch der Brummbaß stöhnt', als klag' er

Um verloren Seelenheil.
Auf der Stirn dess', der ihn spielte,
Troff der Schweiß der Pflichterfüllung.
Hinten im Orchester wirkte
Fludribus, er schlug die Pauke,
Und als Mann vielseit'ger Bildung
Schlug zugleich er in den Pausen
Klingend des Triangels Stahlstab.
Mißmut flammt' in seinem Herzen,
Und zum dumpfen Paukenschlag klang
Dumpf und grollend seine Klage:
»Dilettanten, glücklich Völklein!
Saugen froh den Honig aus den
Blumen, die in schweren Wehen
Nur des Meisters Brust entsprossen,
Und sie würzen den Genuß sich
Durch die gegenseit'gen Fehler.
Echte Kunst ist ein titanisch
Himmelstürmen, – Kampf und Ringen
Um die ewig ferne Schönheit,
Im Gemüte nagt der Gram ob
Unerreichtem Ideale,
Doch die Pfuscherei macht glücklich!«

Der Freiherr weiß seinem Dank mit einem Stückfaß Märzenbier konkrete Gestalt zu geben, während der Händedruck, den Werner von Margareta erhält, nur den Dichter verführt. Er wagt die *Amourös-rhetorische Frage:*

's wäre möglich, daß der Handdruck
Etwas inhaltsvoll gewesen,
Doch es fehlt an sichrer Kunde:

Galt er nur dem Künstler oder
Auch dem jungen Mann als solchem?

Bis Mitternacht pokulieren die Musikanten; am nächsten Morgen klatscht die Stadt noch über das Ereignis und fragt, wessen Kunst wohl die ersten und höchsten Gunstbezeugungen der hohen Herren erhalten habe. Werner und Margareta aber haben sich jeder für sich in ihre Seeleneremitage zurückgezogen, auch der ästhetische Kater flieht vor allem Trubel in die philosophische Nachdenklichkeit. Werner steht am Rheinstrand und sinnt nach über des Meeres und der Liebe Wellen, da bringt ihn eine Naturszene vom individuellen Denken ab und auf das Thema *Lösung der sozialen Frage:*

»'s ist doch«, dacht' er, »immer noch der
Alte Zug in euch, ihr Wellen!
Nach dem Meere strebt ihr hastig,
Wie mein Herz nach seiner Liebe,
Und wer ist dem Ziele ferner,
Grüner Strom – du oder ich?«
Solcherlei Gedankenrichtung
Unterbrach der Storch vom Turme,
Der anitzt zum ersten Male
Seine Brut am kühlen Rheinstrand
Vaterstolz spazieren führte.
's war ergötzlich anzuschauen,
Wie die alterfahrnen Störche
In den Ufersand sich schlichen,
Einem Aale aufzulauern,
Der verschiedentlich Gewürme
Mit Behagen dort verschlang.
Aber er, der so das Standrecht

An der kleinen Tierwelt übte,
Sollte selbst bald Frühstück werden,
Denn der Große frißt den Kleinen,
Und der Größte frißt den Großen:
Also löst in der Natur sich
Einfach die soziale Frage.
Nichts mehr half ihm seine Glätte,
Nichts des fetten Leibs Geringel.
Nichts sein tiefgefühltes Schlagen
Mit dem ungeschuppten Schwanze:
Eingeklemmt im zahn'gen Schnabel
Des entschlossnen Storchenvaters
Ward er dessen hoffnungsvoller
Jugend vorgelegt zur Teilung,
Und sie hielten mit Geklapper
Würdig ihren Morgenschmaus.

Kaum hat ihn die Natur exemplarisch belehrt, schreckt Werner eine nun nicht sichtbare, dafür aber unüberhörbare Kunstszene: »Ungefüge Greueltöne, schneidend falsche Dissonanzen«. Er eilt, die Trompeten-Untat am vermuteten Gärtnerjungen zu rächen, in die Geißblattlaube und findet dort – Margareta. Als sie sich ungesehen und unbelauscht wähnte, hatte sie Werners güldenes Blech an die Rosenlippen gedrückt und jene Greueltöne erzeugt. Werner ist glücklich, seine Trompete geküßt zu finden, und beginnt, um fürder für gehobene Damen-Tonkunst zu sorgen, Margareta am blechernen Mundstück zu unterweisen: Liebe durch Trompetenblasen. Die Kunst ist Begünstigerin des Glücks.

Unterdessen werden im Hauensteiner Wald die Spieße poliert und die Radschloßflinten geölt. Die Bauern rumoren, wollen sich erheben, weil sie der »gnäd'gen

Herrschaft« nachkriegsbedingte Schuldenlast tilgen sollen. Eine Zwangsumlage will von »jedem Hausstand sieben Gülden« kassieren. Das ist zuviel, man rottet sich und hält zunächst *Reden zum Aufruhr:*

Wie am fernen Meer die Brandung
Schallten wild verworrne Stimmen:
»Vorwärts, Fridli! Mund auf! reden
Soll der Bergalinger Fridli,
Der versteht's, – wir andern alle
Meinen's so wie er.« Und jetzo
Sprach der Mann, den sie gerufen,
Sprach's mit schlau gekniffnen Augen,
Sprach's auf einem Sägklotz stehend:
»Merkt ihr endlich, dumme Bauern,
Wo's hinaus will? Eure Väter
Gaben einst den kleinen Finger,
Jetzo packt man schon die Hand euch;
Gebt sie nur! in kurzem ziehen
Sie das Fell euch ganz vom Leib!
Wer hat Recht uns zu befehlen?
Frei im Tannwald haust der Bauer,
Über ihm steht nur die Sonne:
Also ist's in unsern Rodeln,
Ist's im Einungsbuch zu lesen;
's steht nichts drin von Zins und Fronden
Und leibeigner Dienstbarkeit.
Doch sie kommt, wenn ihr nicht abwehrt.
Wißt ihr, wer dagegen Schutz gibt?
Könnt' es drüben bei den Schwyzern
Und im Appenzell erfragen:
Der da!« – und er schwenkte grimmig
Überm Haupt den Morgenstern –

»Und vom Tannbaum pfiff mir jüngst um
Mitternacht ein weißer Vogel:
Alte Zeiten, gute Zeiten,
Freie Bauerschaft im Walde:
So ihr sie mit Spieß und Flinten
Sucht, werd't ihr sie wiederfinden.
Amen jetzt! Ich hab' gesprochen.«
Wild Geschrei ertönt' im Haufen.
»Der Mann sagt's uns,« sprach ein mancher
Und: »Zum Teufel mit der Herrschaft!
Feuer in die Steuerlisten!
Die Herrn Schreiber sollen sehen,
Ob mit ihren Tintenfässern
Sie das Feu'rlein löschen können!«
Sprach ein andrer: »Waldvogt, Waldvogt!
Hast mich jüngst in Turm geworfen,
Schmale Atzung, Brunnenwasser!
Glaub', du hast auch Wein im Keller,
Wollen diesen itzt versuchen,
Waldvogt! wollen Rechnung halten!«
Rief ein dritter: »Gut Gewehr, das
Manchen Auerhahn schon birschte,
Freu dich jetzo auf die Hochjagd
Und triff gut, wir schießen balde
Nach dem schwarzen Doppelaar.«
Also summt' es durch den Haufen,
Und so wie zur Zeit der Seuche
All' das gleiche Fieber anpackt,
So rumorte jetzt in aller
Herz ein böser Bauernzorn.

Fruchtlos sprach der vielerfahrne
Balthes dann von Willaringen:

»Wenn der Gaul am Schwanz gezäumt wird,
Kann der Mann nicht auf ihm reiten,
Wenn der Bauer mit Rumoren
Recht verlangt, geht's hinterfür stets,
Und zum Schluß bekommt er Prügel,
Drum heißt's schon seit langen Zeiten:
Seid der Obrigkeit gehorsam,
Und ich mein' –« doch unfreiwillig
Schloß sich hier die Friedensmahnung:
»Werft hinaus den alten Balthes!
Gott verdamm' ihn! Meint es treulos,
Will die Landessach' verraten!«
Brüllt' es ringsum, Steine flogen,
Spieße drohten, mühsam deckten
Wenig Freunde ihm den Rückzug.
»Kurz und gut, was braucht's das Reden?«
Schrie der Bergalinger Fridli,
»Wer der Landschaft alten Rechten
Treu bleibt und dafür ins Feld zieht,
Hebt die Hand auf!« und sie hoben
Hurrarufend rings die Hände.

Waffenklirren, – Fahnenschwenken, –
Kampfgeschrei, – bald schlug die Trommel,
Und desselben Tags noch zog der
Helle Haufen in das Rheintal,
Die Waldstädte zu berennen.
Drauß im Forst, vom Tannenaste,
Sah der Waldgeist Meysenhartus
Höhnisch auf den Bauernheerzug.
Sprach: »Glück auf die Reis', ihr Herren!
Euch brauch' *ich* nicht irr zu führen,
Seid auf einem guten Holzweg!«

Doch ehe der überzeitliche Waldgeist, in dessen historischem Hirn die Erinnerungen an Bauernkrieg, Salpeteraufstand und 48er Revolution durcheinanderspuken, Recht behält, wird gefochten und geschossen. Der kampferprobte Freiherr ordnet unverzüglich die Verteidigung an und kommandiert den verliebten Trompeter zum Schutze von Schloß und Tochter ab. Weniger entschlossen sind die städtischen Honoratioren. In Säkkingen fühlen sich die *Ratsherren in der Bredouille:*

In dem Rathaussaal berieten
Bürgermeister sich und Stadtrat;
Mancher von den weisen Vätern
Macht' ein bang Gesicht, als wär' der
Jüngste Tag hereingebrochen;
Manchem fielen seine Sünden
Zentnerschwer aufs Herz, er seufzte:
»Schütz' uns Gott vor dieser Landplag',
Und ich will zeitlebens nie mehr
Geld auf hohe Zinsen leihen,
Waisengut unrecht verwalten,
Sand in das Gewürze tun.«
Einer hatt' auch schon beantragt:
»Schickt dem Bauer Fleisch und Weines
Eine Lief'rung vor das Tor und
Ein paar Dutzend Golddublonen,
Daß er seines Weges zieht;
Die in Waldshut mögen sehen,
Wie sie fertig mit ihm werden.«

Der hinzukommende freiherrliche Haudegen weiß die Städter zu aktiver Gegenwehr zu ermutigen und übernimmt sogleich das Kommando. Die Hauensteiner rükken vor, berennen das Tor – aber es hält stand. Sie versuchen, die Stadt von der Rheinseite her zu erobern. Bei diesem Krieg zu Lande und zu Wasser gelangt auch ein Trupp im Kahne zum Schloß. Hiddigeigei entdeckt zuerst die landenden Angreifer und verkneift sich nicht, ehe er mit »ohrenzerreißendem Miauen« Alarm gibt, einige Katergedanken gemäß seiner Grundüberzeugung, die da heißen könnte *Ästhetischer Geschichts-Zynismus:*

Auf dem Dach des Gartenhäusleins,
Drin einst Fludribus gemalet,
Saß der Kater Hiddigeigei.
Mit Befremden sah der Biedre
In der Tiefe Spieße funkeln,
Sah, wie einer, mit den Zähnen
Seinen blanken Säbel haltend,
An der Mauer sich emporschwang,
Wie ein zweiter folgt' und dritter.
Brummend sprach drauf Hiddigeigei:
»'s wär' zwar billig, daß ein weiser
Kater zu der Menschen dummen
Streichen sich neutral verhielte,
Doch ich hasse diese Bauern,
Hasse den Geruch des Kuhstalls,
Dessen Sieg der europä'schen
Bildung eine Atmosphäre
Gänzlich ruinieren würde.
Seht euch vor, ihr Herren! seit am
Kapitolium der Gänse
Warnruf in den Galliersturm klang,

Nimmt das Tiervolk seinen ernsten
Anteil an der Weltgeschichte.«

Der Diener Anton, vom Kater gewarnt, zündet den Signalschuß. Werner bewährt sich sogleich als Verteidiger des Schlosses, denn schon bald zieht sich das Hauensteiner Häuflein »blut'gen Kopfes rückwärts in den Schutz der mächtigen Kastanien«. Doch hinter den Kastanien hervor fordern sie zum offenen, gleichen Kampfe auf. Werner senkt die Zugbrücke und stellt sich im Zweikampf. Sein Gegenüber muß mit dem Leben, Werner mit schwerer Kopfwunde bezahlen. Alles scheint verloren — wenn die Kunst nicht wieder ihre Überlebenshilfe bewährt hätte. Margareta hat inzwischen soviel bei Werner gelernt, daß sie das »Schlachtsignal der Kaiserlichen« schallend zu schmettern vermag. Der Freiherr hört's, er kommt und siegt. Der »Hauensteiner Rummel« hat ausgespielt. Werner trägt man ins Herrenhaus, wo er unter Margaretas seelischer Anteilnahme gepflegt und durch ärztliche Kunst bald kuriert wird.

Friedlich wirft ein Fischer am Rheinufer seine Netze und summt dazu ein *Postrevolutionäres Liedel:*

»Bauer kommt mit Spieß und Flinten,
Bauer will die Waldstadt stürmen,
Bauer will mit Östreich kriegen:
Bauer, das gibt insgemein
Teure Rechnung hinterdrein,
Greif' in Sack und zahl' den Spaß!

Sieben Gülden war zuviel dir,
Sind jetzt einundzwanzig worden;
Einquartierung, teure Gäste,
Und das Pflaster beim Chirurgus:
Bauer, das gibt insgemein
Teure Rechnung hinterdrein,
Greif' in Sack und zahl' den Spaß!«

Werner ist endlich soweit genesen, daß er in der duftenden Gartenidylle spazieren kann. Margareta kommt zu ihm, und längst Erträumtes erfüllt sich: Eine küssereiche, doch vorläufige *Annäherung an das Glück:*

Und sie flog in seine Arme,
Und sie hing an seinen Lippen,
Und es flammte drauf der erste
Schwere, süße Kuß der Liebe.
Purpurgolden durch der dunkeln

Bäume Wipfel fiel der Sonne
Streiflicht auf zwei sel'ge Menschen,
Auf jung Werners blasses Antlitz,
Auf die holderglühte Jungfrau.

Diese rührend-schöne Liebesszene führt den allgegenwärtigen Kater in die Aporie, die philosophische Sackgasse, weil sie ihn zur Meditation über die zeitlose Frage veranlaßt: *Warum küssen sich die Menschen?*

Dort an der Terrasse Stufen
Lag der würd'ge Hiddigeigei.
Mit gerechtem Staunen sah er,
Wie die Herrin dem Trompeter
In den Arm flog und ihn küßte.
Murrend sprach er zu sich selber:
»Manch ein schwer Problema hab' ich
Prüfend in dem Katerherzen
Schon erwogen und ergründet,
Aber eins bleibt ungelöst mir,
Ungelöst und unbegriffen:
Warum küssen sich die Menschen?
's ist nicht Haß, sie beißen sich nicht,
Hunger nicht, sie fressen sich nicht,
's kann auch kein zweckloser blinder
Unverstand sein, denn sie sind sonst
Klug und selbstbewußt im Handeln;

Warum also, frag' umsonst ich,
Warum küssen sich die Menschen;
Warum meistens nur die jüngern?
Warum diese meist im Frühling?
Über diese Punkte werd' ich
Morgen auf des Daches Giebel
Etwas näher meditieren.«

Liebesschwüre krönen die Begegnung, und das Küssen hätte kein Ende genommen, wäre nicht Diener Anton in den Garten gekommen, um Werner die huldvollen Genesungswünsche der adeligen Stiftsfräulein zu entbieten.

In der Nacht träumt Werner sein Tagesglück in weitere Dimensionen: Brautzug, Hochzeitsjubel, Kirchensegen. Doch mit leuchtend roter Nase und heisrer Stimme meldet sich auch Zwerg Perkeo zu Wort und überbringt eine *Konstruktive Liebeswarnung:*

»Bürschlein, Bürschlein, laß die Liebe!
Liebe ist ein schlimmes Feuer,
Frißt den, so es angeblasen,
Und du bist kein Kohlenbrenner!
Komm nach Haus an grünen Neckar,
Komm zu mir zum großen Fasse,
's birgt noch Stoffs genug, du magst drin
Löschen deiner Liebe Glut!«

Trotz aller Bedenken entschließt sich Werner am nächsten Morgen zur Werbung. Er hat dafür den denkbar ungeeignetsten Tag gewählt: Der Freiherr liest just einen Brief vom alten Kriegsfreund Hans von Wildenstein, in dem eine eheliche Verbindung zwischen Margareta und dem Wildensteiner Sprößling Damian vorgeschlagen wird. Der Freiherr durchschaut des Wildensteiners Absichten und ihren ökonomischen Hintersinn, weiß ihnen gleichwohl Respekt abzugewinnen, ja er findet gar Worte für ein *Badisches Schwabenlob:*

Mühsam an des Kriegsfreunds krauser
Handschrift zifferte der Freiherr,
's mocht wohl eine halbe Stunde
Währen, eh' er an den Schluß kam.
Lachend sprach er dann: »Es sind doch
Teufelskerle, diese Schwaben.
Ungehobelt sind sie alle
Und von grobem Schrot und Korn.
Aber in den eck'gen Köpfen
Liegt viel Klugheit aufgespeichert,
Mancher geistesdürre Schlucker
Könnt' sich dran verproviantieren.
Kalkuliert mein wackrer Hans doch
Noch in seinen alten Tagen
Wie ein Diplomatikus:
Seinem pfandbeschwerten, morschen
Eulenneste an der Donau
Wär' mit einer reichen Mitgift
Gar nicht übel aufgeholfen.
Doch, es läßt der Plan sich hören.
Guten Klang im deutschen Reiche
Hat der Wildensteiner Name,
Seit sie mit dem Kaiser Rotbart
In das Heil'ge Land gezogen.
Mag's der Junker denn probieren!«

Als sich Werner dem gerade zum Entschluß gereiften

Feldherrn mit der eigenen Werbung nähert, wird er zwiefach abgewiesen. Einmal wird ihm der Rat, den Kopf mit Quellwasser zu kühlen. Sodann erhält er eine Lektion über die Adels-Ehre. Der Freiherr anerkennt wohl, was der Trompeter mit Leib und Leben für die Erhaltung der Herrschaft getan habe, doch das ist kein Grund für ihn, das »Durcheinanderschütteln« der Menschheit oder gar »Standesgleichheit« zuzulassen. Jedwedem »flachen, inhaltsleeren Mischvolk« versagt er ein für allemal die Zustimmung. Werner bleibt nur, sich stolz, wiewohl traurig zu verabschieden. Bevor der Trompeter ohne Lebwohl für Margareta davonreitet, hat der Kater Hiddigeigei, Zeuge der mißlungenen Werbung, Anlaß, noch einmal zu sinnieren über den unauffindbaren *Grund des Küssens:*

Hinterm Ofen lag der Kater
Hiddigeigei, sorglich lauschend:
Nickt' auch mit dem Haupte Beifall
An dem Schluß, doch sinnend fuhr er
Mit der Pfote an die Stirn',

Sinnend dacht' er bei sich selber:
»Warum küssen sich die Menschen?
Alte Frage, neuer Skrupel!
Dacht' ich doch, ich hätt's gefunden:
Dacht', es sei der Kuß ein Mittel,
Schnell des andern Mund zu schließen,
Daß gewappnet nicht der bittern
Wahrheit Wort daraus hervorspring';
Doch auch diese Lösung scheint mir
Jetzo eine ganz verfehlte,
Denn sonst hätt' mein junger Freund hier
Längst den alten Herrn geküßt!«

Das nun sich öffnende epische Zeitloch von rund zwei odysseischen Jahrzehnten füllt der Dichter mit Lyrik: Achtundvierzig Gedichte von Werner, Margareta, dem Stillen Mann und dem poetischen Kater überbrücken die Zeit, in der Werner als Seefahrer, Türkenkämpfer, wandernder, dann seßhafter Musikant sich bewährt, in der Margareta die Schloß- und Stiftsgesellschaft standhaft jeder ehelichen Bindung vorzieht.

Aus den vielen Liedern klingt das berühmte *Trompeter-Abschiedslied:*

Das ist im Leben häßlich eingerichtet,
Daß bei den Rosen gleich die Dornen stehn,
Und was das arme Herz auch sehnt und dichtet,
Zum Schlusse kommt das Voneinandergehn.
In deinen Augen hab' ich einst gelesen,
Es blitzte drin von Lieb' und Glück ein Schein:
  Behüet' dich Gott! es wär' zu schön gewesen,
  Behüet' dich Gott! es hat nicht sollen sein! –

Leid, Neid und Haß, auch ich hab' sie empfunden,
Ein sturmgeprüfter müder Wandersmann.
Ich träumt' von Frieden dann und stillen Stunden,
Da führte mich der Weg zu dir hinan.
In deinen Armen wollt' ich ganz genesen,
Zum Danke dir mein junges Leben weihn:
  Behüet' dich Gott! es wär' zu schön gewesen,
  Behüet' dich Gott! es hat nicht sollen sein! –

Die Wolken fliehn, der Wind saust durch die Blätter,
Ein Regenschauer zieht durch Wald und Feld,
Zum Abschiednehmen just das rechte Wetter,
Grau wie der Himmel steht vor mir die Welt.
Doch wend' es sich zum Guten oder Bösen,
Du schlanke Maid, in Treuen denk' ich dein!
  Behüet' dich Gott! es wär' zu schön gewesen,
  Behüet' dich Gott! es hat nicht sollen sein! –

Da hört man aber auch die Hiddigeigeischen Künste im weltkritischen Katzenton. *Aus den Liedern des Katers Hiddigeigei:*

Eigner Sang erfreut den Biedern,
Denn die Kunst ging längst ins Breite,
Seinen Hausbedarf an Liedern
Schafft ein jeder selbst sich heute.

Drum der Dichtung leichte Schwingen
Strebt' auch ich mir anzueignen;
Wer wagt's, den Beruf zum Singen
Einem Kater abzuleugnen?

Und es kommt mich minder teuer,
Als zur Buchhandlung zu laufen
Und der andern matt' Geleier
Fein in Goldschnitt einzukaufen.

Von des Turmes höchster Spitze
Schau' ich in die Welt herein,
Schaue auf erhab'nem Sitze
In das Treiben der Partei'n.

Und die Katzenaugen sehen,
Und die Katzenseele lacht,
Wie das Völklein der Pygmäen
Unten dumme Sachen macht.

Doch was nützt's? ich kann den Haufen
Nicht auf meinen Standpunkt ziehn,
Und so laß ich ihn denn laufen,
's ist wahrhaft nicht schad' um ihn.

Menschentun ist ein Verkehrtes,
Menschentun ist Ach und Krach;
Im Bewußtsein seines Wertes
Sitzt der Kater auf dem Dach! –

Auch Hiddigeigei hat einstmals geschwärmt
Für das Wahre und Gute und Schöne,
Auch Hiddigeigei hat einst sich gehärmt
Und geweint manch sehnsüchtige Träne.

Auch Hiddigeigei ist einstmals erglüht
Für die schönste der Katzenfrauen,
Es klang wie des Troubadours Minnelied
Begeistert sein nächtlich Miauen.

Auch Hiddigeigei hat mutige Streich'
Vollführt einst, wie Roland im Rasen,
Es schlugen die Menschen das Fell ihm weich,
Sie träuften ihm Pech auf die Nasen.

Auch Hiddigeigei hat spät erst erkannt,
Daß die Liebste ihn schändlich betrogen,
Daß mit einem ganz erbärmlichen Fant
Sie verbotenen Umgang gepflogen.

Da ward Hiddigeigei entsetzlich belehrt,
Da ließ er das Schwärmen und Schmachten,
Da ward er trotzig in sich gekehrt,
Da lernt' er die Welt verachten.

Hiddigeigei hält durch strengen
Wandel rein sich das Gewissen,
Doch er drückt ein Auge zu, wenn
Sich die Nebenkatzen küssen.

Hiddigeigei lebt mit Eifer
Dem Beruf der Mäusetötung,
Doch er zürnt nicht, wenn ein andrer
Sich vergnügt an Sang und Flötung.

Hiddigeigei spricht, der Alte:
Pflück' die Früchte, eh' sie platzen;
Wenn die magern Jahre kommen,
Saug' an der Erinn'rung Tatzen!

An dem Ende seiner Tage
Steht der Kater Hiddigeigei,
Und er denkt mit leiser Klage,
Wie sein Dasein bald vorbei sei.

Möchte gerne aus dem Schatze
Reicher Weisheit Lehren geben,
Dran in Zukunft manche Katze
Haltpunkt fänd' im schwanken Leben.

Ach, der Lebenspfad ist holpernd,
— Liegen dort so manche Steine,
Dran wir Alte, schmählich stolpernd,
Oftmals uns verrenkt die Beine.

Ach, das Leben birgt viel Hader
Und schlägt viel unnütze Wunden,
Mancher tapfre schwarze Kater
Hat umsonst den Tod gefunden.

Doch, wozu der alte Kummer?
Und ich hör' die Jungen lachen,
Und sie treiben's noch viel dummer,
Schaden erst wird klug sie machen.

Fruchtlos stets ist die Geschichte;
Mögen sehn sie, wie sie's treiben!
— Hiddigeigeis Lehrgedichte
Werden ungesungen bleiben.

In Rom, wo der Tiberstrom sich mit »mißzufriednem Räsonieren« über den allgemeinen Weltverfall in seinem Bette wälzt, und wo ein Schweizergardist trotz der »feinen Kirchenmusika« sich nach dem »schrillen Höhlenpfiff des heimatlichen Murmeltiers« sehnt, ist hoher Festtag. Mit pompösem Aufzug wird der Tag des heiligen Petrus begangen. Durch das Prozessionsgedränge rollt unbeachtet von den Großen und der Menge eine Säkkinger Karosse. Auf der Kutsche thront Anton, in ihr sitzen die Säkkinger Äbtissin, die wegen zweifelhafter Rechtsansprüche des groben Churer Bischofs mit dem Papst zu reden hat, und Margareta. Sie begeben sich in den Petersdom zur Hohen Messe. Als die vatikanischen Choristen eine ehrwürdige Weise Palestrinas beginnen, blickt Margareta zum blondgelockten Chorregenten empor — und ihr wird schwach zumute. Wie aber der Chor am Sitz der Damen vorüberschreitet, erkennt sie Werner an seiner Hauensteiner Stirnnarbe — und sinkt ohnmächtig »auf den kalten Marmorboden«.

Papst Innocentius der Elfte wünscht beim Mittagsmahle zu erfahren, welches blasse Fräulein während des Hochamts in Ohnmacht fiel. Ein Kardinal, »schon völlig informiert«, erzählt die Geschichte des alemannischen Edelfräuleins und ihrer treuen Liebe zum derzeitigen päpstlichen »Kapellenmeister«. Der Pontifex Maximus weiß solche Tugenden zu würdigen, auch als *Geschichten zur Rührung:*

Sprach der Papst: »Das ist ja wahrhaft
Eine rührende Begegnung.
Wär' der Stoff nicht zu modern und
Handelte sich's nicht um deutsche
Halbbarbar'n, so dürfte einer
Aus der Herrn Arkadier süßem
Dichterhaine Lorbeern ernten,
Säng' er dieses Wiedersehn.
Doch ich nehme wirklich Anteil
An dem ernsten Signor Werner.
Trefflich hält er die Kapelle
Mir in Ordnung und verbreitet
Sinn für ernste strenge Weisen,
Während meine Italiener
Sich so gerne am leichtfert'gen
Operntonspektakel freun.
Schweigsam liegt er seinem Dienst ob,
Spricht kein Wort aus freien Stücken,

Bat noch nie um eine Gnade,
Nie auch hält die Hand er offen
Für die Gaben der Bestechung,
Und der Korruption Exempel
Sind bei uns doch häuf'ger als die
Flöh' in heißen Sommertagen;
Nicht war, Monsignor Venusto?
Beinah scheint mir, daß den deutschen
Meister unbekannter Gram drückt.
's wär' interessant zu wissen,
Ob auch er noch jener Lieb' denkt?«

Es naht ein herrlicher, südlich sonniger Tag, der 1. Juli 1679: Die Säkkinger Äbtissin und Margareta werden in päpstlicher Privataudienz empfangen. Auf einen leisen Wink des Oberhirten wird auch Signor Werner in den Saal geholt, wo allsogleich der weise Innocentius kraft seiner Macht, seines Amtes und mit einer weitausholenden Rede die Voraussetzungen schafft für ein wahrhaft *Päpstliches Happy-End:*

»Was die Vorsehung in gnäd'gem
Walten hier zusammenführte,
Nimmer soll's das Leben trennen.
Gestern in Sankt Peter, heute
In dem vatikan'schen Garten
Hab' ich klar mich überzeuget,
Daß ein Fall hier vorliegt, welcher
Päpstlicher Entscheidung harrt.
's ist ein mächtig Wesen, was man
So gewöhnlich Liebe nennet,
Feiner als das Licht durchdringt sie
Alle Fugen, alle Ritzen

Dieser Welt, der Stuhl Sankt Petri
Selber wird von ihr behelligt,
Und sie bittet uns um Beistand.
’s ist ein freudiger Beruf des
Oberhaupts der Christenheit,
Treuer Liebe manchen Haken,
Manchen Stein des Hindernisses
Ebnend aus dem Weg zu räumen.
Unter allen Völkern aber
Sind’s die Deutschen, die am meisten
Uns damit zu schaffen machen.
So kam schon der Graf von Gleichen
Aus dem Heil’gen Land nach Rom mit
Türk’schem Ehweib, ohnerachtet
Sein zu Haus die Gattin harrte.
Die Annalen melden jetzt noch
Die Verlegenheit, in die er
Damals unsern Vorfahr setzte.
So kam auch der unglücksel’gste
Aller Ritter, der Tannhäuser:
›Papst Urbane, Papst Urbane,
Heil’ den Kranken, den die böse
Venusin in ihrem Berge
Sieben Jahr’ gefangen hielt!‹
Heute ist der Fall ein andrer,
Viel anmut’ger, – auch betrifft er
Kein kanonisch Hindernis,
Nur ein klein Bedenken – wenn ich
Recht weiß – bei des Fräuleins Vater.
Ihr, Herr Werner, dientet brav mir.
Doch ich las aus Eurer stillen
Resignierten Pflichterfüllung,
Daß Ihr wie der Vogel in dem

Käfig ungern nur gesungen.
Oft erbatet Ihr den Abschied,
Den ich Euch versagt', ich würd' auch
Heute nimmer ihn gewähren,
Wenn's der Brauch erlaubte, daß der
Päpstlichen Kapelle Meister
Eines Ehweibs sich erfreute;
Doch Ihr wißt, man soll in Rom die
Überlief'rung heilig halten;
Palestrina selber mußte
Deshalb in die Fremde ziehen.
Ich entlass' Euch drum in Gnaden,
Und dieweil des Fräuleins Vater
Einst den Namen Werner Kirchhof
Viel zu einfach fand, ernenn' ich
Euch zum Ritter meines Hofes.
's ist nicht Euer Wunsch, ich weiß es,
Wen die Kunst geadelt, dem ist
Solcher Schmuck unnützes Beiwerk,
Doch das gnäd'ge Fräulein findet
Es vielleicht zweckmäß'ger, wenn sie
Dem Marchese Camposanto
Ihre Hand reicht, als dem schlichten
Spielmann Werner. – Kraft der Vollmacht,
Die mir ward, zu lösen und zu
Binden, leg' ich Eure Hände
Jetzt zusammen und verlob' Euch.
Selbst lieblose Zeit erfreut sich
An dem Vorbild treuer Liebe,
Und Ihr gabt es; – seid drum glücklich
Und empfahet meinen Segen.«
Sprach's; er sprach es fast mit Rührung.
Dankerschüttert kniete Werner,

Kniete Margareta vor dem
Heil'gen Vater; die Äbtissin
Weinte, daß das Gras verwundert
Aufsah, ob's vom Himmel regne.
Und mit der Äbtissin Tränen
Schließt gerührt auch die Geschichte
Von dem jungen Spielmann Werner
Und der schönen Margareta.

Nun, da Werner das kirchliche Adelspatent und die gnädige Entlassung aus vatikanischen Diensten erhalten, kann die Heim- und Hochzeitsreise angetreten werden. Alles denk- und wünschbare Säkkinger Glück der beiden Liebenden schaut in vorauskutschierendem Traume der Diener Anton, dessen hochprozentige Vision nach der sechsten Flasche teuren Orvieter und Monte Porzier Weins die Zukunftswirklichkeit längst erreicht hat *Glückliches Reise-Ende:*

»In Schaffhausen halten wir die
Letzte Nachtruh', doch ein Bote
Muß mir unverzüglich reiten,
Und das ganze Städtlein muß er
Alarmieren: ›Rüstet Fahnen,
Ladet die Kanonen tüchtig,
Baut auch eine Ehrenpforte!‹
Drauf am nächsten Abend ziehn wir
Festlich durch das alte Tor ein,
Festlich knall' ich von dem Bocke,
Daß die Rathausfenster dröhnen,
Und ich hör' den alten Freiherrn,
Wie er unwirsch fragt: ›Was soll dies
Schießen, Jubeln, Fahnenschwenken?‹

Schon von weitem ruf' ich ihm dann:
›Heil ist unserm Haus begegnet,
Und ein Brautpaar kommt gefahren,
Herr, ich bring' Euch Eure Kinder!‹
Keiner soll den Tag vergessen!
Zur Erinn'rung soll der Kater
Hiddigeigei eine echte
Italien'sche Rauchwurst fressen,
Und zum ewigen Gedächtnis
Muß der Herr Schulmeister mir ein
Feingedrechselt Lied verfert'gen,
's kommt mir nicht drauf an, es darf selbst
Zwei Brabanter Taler kosten.
Und am Schlusse muß es heißen:
　　›Liebe und Trompetenblasen
　　Nützen zu viel guten Dingen,
　　Liebe und Trompetenblasen,
　　Selbst ein adlig Weib erringen;
　　Liebe und Trompetenblasen
　　Mög' es jedem so gelingen,
　　Wie dem Herrn Trompeter Werner
　　An dem Rheine zu Säkkingen!‹«

Editorische Notiz

Nicht alle der rund 2000 Seiten die von SCHEFFELS Werk gedruckt worden sind, dürften heute noch mit spontanem Genuß gelesen werden können, gewiß aber mehr, als in einem solchen Band zu versammeln sind. Was wurde ausgewählt, worauf mußte verzichtet werden?

Große Teile des SCHEFFELschen Oeuvres sind Produkte gelegentlicher Laune, für eine konkrete gesellige Situation geschrieben, an die nächsten Verwandten, die Eltern oder die Schwester gerichtet, zumal aber an jene Runde Heidelberger Freunde, die unter Leitung des Geschichtsprofessors LUDWIG HÄUSSER im »Waldhorn« vulgo »Pechkranz« zur Sommerszeit und im »Güldnen Herz« im Winter allwöchentlich zu einer Sitzung zusammenkamen mit dem vordringlichen Ziel, den Mittwoch »in den Donnerstag zu längern«. In diesem »E.A.«, dem sogenannten »Engeren Ausschuß« wurde pokuliert, gesungen und geblödelt, und für diese Abende hat SCHEFFEL viele seiner Trinklieder gedichtet, die freilich alsbald von Hand zu Hand weitergereicht wurden, bis sie in den Kommersbüchern landeten, wo sie noch heute stehen. Einige dieser »Bummellieder« wurden in diese Ausgabe aufgenommen in der Erwartung, daß diese Verse höherer Alberei alle jene vergnügen mögen, die sich — mit den Herausgebern — von Zeit zu Zeit bei adäquater Gelegenheit der »Regressionslust des Blödelns« (WELLERSHOFF) überlassen mögen.

War SCHEFFEL nicht in Heidelberg, so blieb er dem »Engeren Ausschuß« doch als korrespondierendes Mitglied verbunden, zahlreiche »Episteln« sind an diese Heidelberger Adresse gerichtet, der zeitgenössischen Öffentlichkeit zumeist unbekannt, sie wurden erst posthum und keineswegs vollständig publiziert. Ein Hauptgewicht der hier präsentierten Ausgabe liegt auf diesen humoristischen Erfahrungsberichten aus der Fremde, welche die Handschrift HEINRICH HEINES als Vorbild erkennen lassen und in ihren besten Passagen mit ihm konkurrieren können.

Im weiteren Sinne gehören dazu auch die Gedichte des Katers Hiddigeigei im Kontext der »Trompeter«-Erzählung, von der – was sicherlich problematisch ist – nur Proben mitgeteilt werden, um mit der Schreibart bekannt zu machen und Appetit auf eine weitere Lektüre zu wecken. Wie sehr dieser humoristische Ton SCHEFFEL eigen war, möge schließlich eine kurze Passage aus seinem politischen Journalismus belegen: »Ein Besuch des Teufels« in den »Vaterländischen Blättern für Baden« aus dem Jahr 1849.

Auf den »Ekkehard« glaubten die Herausgeber ganz verzichten zu dürfen im Vertrauen darauf, daß er in jedem ererbten Bücherschrank steht und unter Hinweis darauf, daß dieser Roman zur Zeit wohlfeil im Handel zu erwerben ist. – Auch auf die Liedersammlung »Frau Aventiure«, die SCHEFFEL selbst sehr geschätzt hat, wurde verzichtet. Diese Gedichte, Reflexe der Mittelaltermode des 19. Jahrhunderts, sind für den heutigen Leser nurmehr von antiquarischem Interesse.

Aus dem Konvolut der *Säkkinger Episteln*, die SCHEFFEL in seiner Dienstrevisorenzeit am Hochrhein 1850/51 an die Eltern und die Schwester in Karlsruhe geschrieben hat, werden hier drei mitgeteilt: die Briefe vom 13.1., vom 24.3. und vom 28.4.1850.

Ein Besuch des Teufels: Gedruckt in den »Vaterländischen Blättern für Baden« Nr. 77 vom 4.5.1849.
Das *Gedenkbuch über stattgehabte Einlagerung auf Kastell Toblino im Tridentinischen* ist im Juli und August 1855 auf einer Reise niedergeschrieben worden, die SCHEFFEL zusammen mit dem Maler ANSELM FEUERBACH unternommen hat. Auch dieser Text richtete sich an die Heidelberger Adresse des »E.A.«. Von den zwanzig Kapiteln werden hier die vier ersten mitgeteilt.
Die *Donaueschinger Episteln* stammen aus der Zeit von SCHEFFELS Aufenthalt am Hof des FÜRSTEN VON FÜRSTENBERG (1857/58), von dem er beauftragt worden war, den LASSBERG-Nachlaß in der Bibliothek zu ordnen. Der hier abgedruckte Text ist ebenfalls an die Freunde im »E.A.« gerichtet.
Gaudeamus! Lieder aus dem Engeren und Weiteren (1868). In diesem Band versammelte SCHEFFEL — keineswegs vollständig — Gedichte, die er in den 40er, 50er und 60er Jahren geschrieben hatte und die bis dahin nur zum Teil und verstreut erschienen waren. Die hier ausgewählten Gedichte stammen aus den Abteilungen I (»Naturwissenschaftlich«), II (»Kulturgeschichtlich«) und IV (»Heidelbergisch«).
Die übrigen Gedichte, in unserer Sammlung gelegentlich eingefügt, sind *Gelegenheitspoesie*, die SCHEFFEL selbst nicht gesammelt ediert hat und zum großen Teil erst posthum publiziert worden sind.

Textgrundlage dieser Ausgabe ist die Edition von JOHANNES FRANKE: Joseph Victor von Scheffels sämtliche Werke, 10 Bände, Leipzig o.J.

Nachwort der Herausgeber

»... und wenn die Ironie nicht auch ein Standpunkt wäre, so hätte ich eigentlich gar keinen Standpunkt.«
SCHEFFEL

Die bürgerliche Gesellschaft des 19. Jahrhunderts hielt sich Dichterfürsten. Das waren Männer, die sich auf die Kunst verstanden, das Wahre, Gute und Schöne, zumindest das, was die Zeit dafür hielt, in Worte zu fassen und die prosaische Alltagswelt, die verlogen, böse und häßlich war, poetisch zu verklären.Dafür wurden sie honoriert mit allen Würden, die das Jahrhundert zu vergeben hatte, von der Ehrenprofessur über die Ehrenbürgerschaft bis zum Adelsprädikat, und die Herren Verleger bezeugten ihren professionellen Respekt, indem sie Prunkausgaben auf den Markt brachten, deren opulente Ausstattung den Leser vergessen ließ, daß er zunächst nur ein Produkt ordinärer Druckerschwärze, Zeichen einer höchst vergänglichen Botschaft, in Händen hielt. Und als vergänglich erwiesen sich viele der einstmals so goldenen Worte, sie sind im Laufe der Jahre in die Antiquitätenspeicher des literarhistorischen Bewußtseins abgewandert, und vom ehemaligen Ruhm ihrer Schöpfer künden allenfalls noch einige verwitterte, verblichene, verstaubte Ehrenmale: Standbilder, Straßennamen, Gedenkzimmer.

JOSEPH VICTOR VON SCHEFFEL *war* ein Dichterfürst – und einer der gewaltigsten des Jahrhunderts. Als er am 12. April 1886 zu Grabe getragen wurde, gerieten die Funeralien zu einer »Nationalfeier«, die sich, wie der Zeitgenosse CARL VON SPITTELER mit Genugtuung in einem Nachruf vermerkte, mit dem Aufwand der Grablegung VICTOR HUGOS in Frankreich messen ließ. SCHEFFEL war *der* »deutsche Nationaldichter«, und sein Werk galt als *das* »wahre poetische Laienbrevier des jungen Kaiserreiches«. JOSEPH VICTOR VON SCHEFFEL - ein geistiger Repräsentant der Hohenzollernära?

SCHEFFELS populäre Publizität war in der Tat ungeheuerlich. Das zeigt sich nicht nur am rapiden Anwachsen der Auflagen nach 1871, an den üppigen Illustrationen, an der Fülle der Vertonungen, an der industriellen Vermarktung seiner Motive – Trompeter gab's als Flaschenkorken, Tabakspfeifen, Broschen, Vasen, Münzen, Abziehbilder und Gesellschaftsspiele –, sondern auch an den zahllosen Wirtshäusern, Lindenbäumen, touristischen Attraktionspunkten, die auf SCHEFFELS Namen getauft worden sind. Die Gründerzeit hat an seinem Werk zumal das Quellenfrische und Unechte, das Kerngesunde und Gefühlsinnige, das Derbfidele, Romantische, Treudeutsche gerühmt und ihm mit solchen Prädikaten ein Image verpaßt, das auf Dauer und spätestens seit Ende des Ersten Weltkriegs ruinös wirken mußte.

Es gilt indessen zu bedenken, daß SCHEFFELS wesentliche Werke, »Der Trompeter«, »Ekkehard«, die »Gaudeamus«-Lieder, die Reiseepisteln, längst vor der Reichsgründung entstanden waren und zunächst in den Mentalitätsrahmen der gescheiterten 48er Revolution gehören. Erst in Rücksicht auf dieses existentiell erfahrene Scheitern – der junge SCHEFFEL war immerhin als Beistand des Abgeordneten WELCKER hautnah an den Geschehnissen in der Frankfurter Paulskirche beteiligt – lassen sich sein Humor, sein Sarkasmus, sein Hang zu abstruser Blödelei, die zwischen Ironie und Sentimentalität changierende Vagantenattitude, wie auch sein späterhin allgegenwärtiges Bewußtsein der Epigonalität, seine Wahlverwandtschaft zu HEINRICH HEINE recht verstehen, und es scheint so, daß sich uns heute die Dimension dieser aus depressivem Grund erwachsenen Literatur weit eher erschließt als dem Lebensgefühl der Wilhelminischen Epoche.

SCHEFFEL ist schon zu Lebzeiten zur Legende geworden, und als Legende hat er überlebt: als feuchtfröhlicher Wandersmann, als fahrender Sänger und ewiger Student. Diese Legende verdeckt jedoch eine tief melancholische Existenz. SCHEFFEL hat sechzig Jahre gelebt, aber schon nach dreißig Jahren war - nach den Normen bürgerlichen Glücks — dieses Leben gelaufen. Und es war SCHEFFELS Elend, daß er dies wußte. Ein Brief vom 5. Mai 1856 läßt daran keinen Zweifel:

»Ich habe einen recht schlimmen Winter zu erleben gehabt, und bin wieder leidend gewesen, so daß ich mich in die Bergluft zurückgezogen habe, um allmälig wieder frisch und stark zu werden. Im Jahr 1850 und 1851 war ich im Schwarzwald, in Säkkingen, als angehender praktischer Jurist, dann ein halb Jahr beim Hofgericht in Bruchsal; aber wie mir die Frage nach und nach näher rückte, angestellt und für Zeitlebens der Maschine meines kleinen Heimathstaats einverleibt zu werden, da fand ich, daß ich recht unglücklich werden würde, wenn mich das Loos träfe, das so Viele für ein irdisches Glück halten. Es waren auch noch die Nachwehen des Jahres 1848; ich konnte es nicht über's Herz bringen, bei gänzlich verändertem Stand der Dinge und Politik in einer öffentlichen Stellung an der Zerstörung von alle dem mitzuhelfen, was ich früher, gleichviel ob mit oder ohne Grund, für vernünftig

und recht gehalten. So kam's, daß ich Rechtumkehrt machte — und ohne recht klar zu sein über das, was nun weiter kommen sollte, schnurstreichs nach Italien ging. Dort waren mir — 1852 und 1853 glückselige, bittersüße Tage beschieden, — ein neues Leben ging mir auf — die Kunst alter und neuer Zeit, die Farbenpracht wundervoll harmonischer Natur, neue Sprache, neue Menschen — o Gott — es war schön und nicht eine Stunde von Bitterkeit getrübt. Was hätte ich Ihnen Alles zu erzählen von Rom und der Campagna, von abenteuerlichem Leben im albaner und sabiner Gebirge, von Neapel und dem orangendurchdufteten, sang- und klangreichen Sorrent, von meiner Meereseinsamkeit auf Capri ... es wird mir heimwehschwer ums Herz, da ich die Namen schreibe, an denen so viel von meiner besten Jugendzeit geknüpft ist. Und Eines, was ich der ganzen Welt verschwiegen, dürfte ich Ihnen anvertrauen, da Sie mich verstehen und nicht auslachen würden — daß ich nämlich in jenen italischen Jahren meine Kräfte ernstlich erprobt habe, ob sie noch ausreichen würden, Landschaftsmaler zu werden; daß ich eine schwere Mappe voll Studien heimgebracht, die wohl verschlossen und Niemand gezeigt in meiner Stube verborgen liegt, und daß ich einen schweren, fast zu schweren Kampf gekämpft habe, als ich sah, daß ich nicht mehr jung genug war, um all das Schwierige der Technik und der ersten verfehlten Versuche mit dem Erfolg zu überwinden, den ich nöthig gehabt hätte, um mich bei beschränkten Mitteln und bei meiner eigenen Ungeduld aufrecht zu erhalten. So nahm ich von Italien Abschied, mit Wonne und Weh zugleich im Herzen, aber ungebeugt, denn wer seine Kräfte an hohem Ziele gemessen, der hat immer innerlich Etwas erreicht, auch wenn er nicht ans vorgesetzte Ziel kam. Und die Natur hat mir nun, nach diesem verfehlten Versuch, ein anderes Gebiet erschlossen, das mir zwar kein voller Ersatz für das Verlorene, aber immer ein Ersatz ist, — eine stets auf's Schöne gerichtete Anschauung der Welt und einen rechten ächten Schmerz, das waren die Früchte, die ich mit heimbrachte, und die haben mich, ohne daß ich selber darauf gefaßt war, zum Poeten gemacht. In Deutschland habe ich seither wenig Erquickliches erlebt. Bei dem Drang eigenen Schaffens mußte ich just nach dem Gegenteil von dem streben, was die Leute für praktisch halten, nach Freiheit und Einsamkeit, statt nach einer Stellung in der Welt. Und ich habe manche schwere Stunde erlebt im Konflikt mit meinem Vater, der mich immer versorgt wissen wollte, ohne Freunde, die mich verstanden, lange Monate von schweren Augenleiden heimgesucht — jetzt, da ich eine größere Arbeit vor die Welt stellen konnte, sind die Leute, die sich jedem fait accompli fügen, auch zufrieden und lassen mich in Ruhe. — Aber meine gute Jugend ist in diesen Jahren der Prüfung stark auf die Neige gegangen; ich habe meinen Nerven zuviel zugemuthet und muß jetzt dafür büßen. . . . Aber mein Herz hofft noch auf Sonnenschein, ich meine, es muß jetzt, wo ich die Schwelle des Mannesalters überschreite, wo die Illusionen verschwunden sind und der Ernst des Lebens beginnt, auch wieder eine Zeit klarer und ruhig arbeitender Thätigkeit für mich kommen, und so Gott will, wird der Körper auch wieder rüstig und frisch. Wie es dann weiter mit mir wird, mag das Schicksal bestimmen, das mich bis jetzt geleitet hat . . . ›Schweig, leid und lach — Geduld überwindet alle Sach', hab ich in einem alten Tiroler Stammbuch gelesen.«

JOSEPH VICTOR SCHEFFEL wurde am 16. Februar 1826 in Karlsruhe in eine vermögende Familie hineingeboren.

Der Vater diente als wohlbestallter Bauingenieur dem badischen Staat, und die Mutter hatte ein beträchtliches Heiratsgut in die Ehe gebracht. Diese ökonomische Situation der Familie war eine für SCHEFFELS Leben ebenso förderliche wie hinderliche Voraussetzung, denn einerseits war er nie ernstlich genötigt, sein Brot selber zu verdienen und konnte allzeit seinen kreativen Bedürfnissen wie seinen exquisiten Launen leben, andererseits war er bis zum Tod des Vaters 1869 in dessen finanzieller und seelischer Abhängigkeit, was ihn erheblich bedrückte. Seine Emanzipation vom Elternhaus wurde überdies gehemmt durch eine intensive Bindung an die Mutter, ein enges Wechselverhältnis zur Schwester und ein immerwährendes Verpflichtungsgefühl für den behinderten Bruder. Wer nach Gründen für SCHEFFELS psychische Labilität fahndet, seine Pedanterie, seine Nervenzusammenbrüche, seinen Verfolgungswahn, seine Bindungsängste, für seine eheliche Katastrophe wie für sein habituelles Vagantentum, dürfte über eine Analyse der Familienbeziehungen alsbald fündig werden. SCHEFFEL hat trotz all seiner zahlreichen Versuche, das verhaßte Karlsruhe hinter sich zu lassen, den Abschied von dem Haus in der Stefanienstraße nie geschafft, und es ist symptomatisch, daß er, der Anfang der 70er Jahre sich am Bodensee heimisch niedergelassen und ein Haus gebaut hatte, sich in den letzten Tagen seines Lebens nach Karlsruhe zurückbegab, um in seinem Elternhaus zu sterben.

Nach glänzend absolvierter Gymnasialzeit zog SCHEFFEL 1843 auf Wunsch des Vaters zum Studium der Jurisprudenz nach München, wechselte im Jahr darauf nach Heidelberg, 1845/46 studierte er in Berlin und kehrte dann nach Heidelberg zurück, um daselbst seine Universitätsausbildung mit Staatsexamen und Promotion abzuschließen. Der Prüfungsstreß fiel bereits in die Turbulenzen der Revolutionszeit. SCHEFFEL eilte als überzeugter Republikaner zur Eröffnung der Nationalversammlung nach Frankfurt, er schloß sich dem liberalen Politiker Professor KARL THEODOR WELCKER an und diente diesem für einige Wochen als Sekretär.

In Karlsruhe leistete er politische Basisarbeit, indem er forsche Flugzettel publizierte und die »Vaterländischen Blätter« redigierte. Als die Revolution in Baden gewaltsam wurde, ging der verschreckte Citoyen SCHEFFEL freilich rasch auf Distanz zu den Radikalen und befand sich unversehens auf der Seite jener Ordnungsmächte, die im Begriff waren, seine politischen Ideale zu strangulieren. Er wurde als Aktuar dem badischen Civilkommissär VON ORFF zugewiesen, der die preußischen Okkupationstruppen zur Belagerung von Rastatt zu begleiten hatte. Im Rückblick schreibt Scheffel: *» Wieder heimgekehrt habe ich noch den letzten Akt der badischen Revolution, die Belagerung von Rastatt, vier Wochen lang in unmittelbarer Nähe geschaut, indem ich dem badischen Beamten in Kuppenheim vor Rastatt als Aushilfe beigegeben war. Da war freilich das Kanonengebrumm unser regelmäßiger Morgen- und Abendsegen. Wie ich aber da in der Nähe all das unermeßliche Elend sah, in das unser armes Land kam, und wie nach der Übergabe von Rastatt die Standrechtsschüsse zu knallen anfingen, — und wie die ganze alte geist- und herzlose Reaktion, die sich seit dem März v.J. in ihre Winkel verkrochen hatte, nun, wie die Frösche nach dem Gewitter, unter dem Schutz preußischer Bajonette wieder ans Tageslicht hervorschlüpfte, und zu quaken begann, und wie ich sah, mit welchen Mit-*

teln bei uns restauriert ward, da wurde es mir so unendlich schwül und eng zumute, daß ich's in dieser Atmosphäre nicht mehr aushalten konnte.«

SCHEFFEL quittierte den Dienst und hockte den ganzen Sommer 1849 unter dem Dach der Eltern, im Herbst wanderte er durch die Alpen an den Lago di Como: *»Da hab ich gewohnt, am wundergrünen See, am Fuß der Villa Sommariva . . . und hab das Lorbeergezweig und die Olivenbäume um mich rauschen lassen und in italischer Luft und in italischem dolce far niente wieder meinen alten Menschen, d.h. den Kunst- und Natursinnigen, der seit 1848 unter einem Trümmerhaufen politischer Pflastersteine begraben lag, zur Auferstehung gebracht, und hab in der Schifferbarke die Odyssee gelesen, und die hat besser getönt, als alles Broschürengequieke über allgemeines oder besonderes Wahlrecht oder über den Erbkaiser und weiß der Teufel was noch.«* Diese Briefpassage ist von hohem Symptomgehalt für die Frage, wie die deutschen Intellektuellen die Revolutionsereignisse bewältigt oder eigentlich nicht bewältigt haben: Kunst und Natur als Asyl für das politisch enttäuschte Gemüt.

Zum Jahresanfang 1850 konnte SCHEFFEL, der auf der »roten Liste der Wühler« stand oder dies zumindest glaubte, – womöglich durch Vermittlung seines einflußreichen Vaters – die Stelle eines Dienstrevisors beim Bezirksamt in Säckingen am Hochrhein antreten, und im Spätjahr 1851 wechselte er trotz wachsenden Widerwillens gegen alles bürokratische Geschäft an das Hofgericht in Bruchsal, ließ sich dort aber zum Unwillen des Vaters schon nach sechs Monaten beurlauben und zog nach Italien. Er wollte Maler werden, und in Gesellschaft von Malern lebte er ein gutes Jahr in Albano, Olevano, Rom, Sorrent und Capri, die glücklichste Zeit seines Lebens. Als er heimkehrte, war eine wichtige Lebensentscheidung gefallen: Er weigerte sich, seine juristische Beamtenkarriere fortzusetzen. Es gab zwar in den folgenden Jahren zahlreiche Pläne und ehrenvolle Angebote für ein Amt, er faßte eine akademische Laufbahn im Bereich von Literatur und Kunst ins Auge, er bewarb sich um eine Professur in Zürich, die Direktion des Germanischen Museums in Nürnberg stand in Aussicht, es gab Hoffnungen auf eine Berufung nach München durch den kunstsinnigen Wittelsbacherhof, einige Monate bearbeitete er im Auftrag des FÜRSTEN VON FÜRSTENBERG den LASSBERG-Nachlaß in der Donaueschinger Bibliothek, der HERZOG VON SACHSEN-WEIMAR versuchte jahrelang, ihn an seinen Hof zu binden. Je älter SCHEFFEL wurde, desto entschiedener sträubte er sich gegen jedes noch so legere Dienstverhältnis.

Und noch eine wesentliche Einsicht hatte SCHEFFEL in dem Italienjahr gewonnen: daß ihm zum großen Maler die Begabung fehle. Dafür hatte er aber ein hochkarätiges literarisches Manuskript mit nach Hause gebracht, die Verserzählung »Der Trompeter von Säkkingen«. Er hatte zwar schon in den Jahren zuvor »Literatur« publiziert, ab 1847 die »Bummellieder« in der satirischen Zeitschrift »Fliegende Blätter«, 1851 Reisebilder »Aus den Rhätischen Alpen« in der »Augsburger Allgemeinen«, aber ein wahres Werk der »Dichtung« im Verständnis der Zeit hatte er doch erst mit diesem kleinen humoristischen Epos vom wundersamen Glück des verkrachten Studenten Werner Kirchhof geschaffen. Und schon zwei Jahre später gelang ihm unter dem ständigen Legitimationsdruck dem Vater gegenüber ein weiterer

Wurf, der in der Welt des 10. Jahrhunderts angesiedelte historische Roman »Ekkehard«.

Aber das war's dann auch schon. Gewiß, SCHEFFEL schrieb noch einige Gedichte, er publizierte Festspiele, fürstliche Dedikationen, Kaiserbesuchsverse, aber all das war von dubiosem Wert. Und er plagte sich mit Romanprojekten ab, mit Geschichten um das Künstlergenie Tizian, den Landsknechtsgeneral Georg von Frundsberg, die Albigenser, den Sängerkrieg auf der Wartburg, über Graf Eberhard von Württemberg, über die Welt der Pfahlbaubewohner, aber davon sind nur Skizzen und Fragmente erhalten. Zwei kleine Prosaerzählungen, die gedruckt wurden, blieben ohne erhebliche Resonanz.

Daß SCHEFFELS Ruhm gleichwohl wuchs, daß er, nachdem seine gesammelten Lieder 1867 in dem »Gaudeamus«-Band erschienen waren, zu einem säkularen Phänomen wurde, ließe sich allenfalls im Rahmen einer soziologischen Studie zum Image des Poeten im 19. Jahrhundert klären. Zur Analyse der Scheffellegende hat die Forschung bisher nur Ansätze geliefert.

SCHEFFEL war zeitlebens viel unterwegs. Reisen, meist zu Fuß, führten ihn den Rhein und die Donau hinunter, durch Schwarzwald und Vogesen, durch Thüringen und Franken, durch Nordfrankreich und die Provence, durch Südtirol und Oberitalien und immer wieder in die Alpen und das Alpenvorland. Stets kehrte er aber in die »grüne Mansarde« seines Karlsruher Elternhauses unter die zunehmend besorgten Fittiche des Vaters zurück, der diese Existenz finanzierte, nicht ohne Murren zwar, aber wohl in der Einsicht, einen zeitweise gemütskranken Menschen zum Sohn zu haben. Hoffnungen der Eltern, daß SCHEFFEL durch eine Eheschließung psychisch genesen und sozial sich stabilisieren möge, zerschlugen sich, und als er 1864 endlich doch heiratete, die Tochter des bayrischen Gesandten am badischen Hof CAROLINE VON MALSEN, da währte dieses Eheglück nicht lange. Aus unbekannten Gründen – das 19. Jahrhundert war in intimen Dingen verschwiegen – ging die Frau schon 1867 davon. Den Sohn erzog SCHEFFEL alleine.

Anfang der 70er Jahre baute er sich, wie erwähnt, ein Haus in Radolfzell, kaufte sich dann die Halbinsel Mettnau dazu samt einem Anwesen, an das er einen stattlichen Turm mit holzgetäfelten Räumen anbauen ließ. Dort verbrachte er die Sommermonate in jahrelangem Streit mit den Reichenauer Fischern, die, wie er glaubte, widerrechtlich in seinen Gewässern fischten. Das Gerücht vermeldet, daß er versehentlich auch mit Schrot auf die Stiefel der dreisten Gesellen geschossen habe. Den Prozeß, den er unter Aufbietung aller seiner juristischen Kräfte gegen sie führte, hat er verloren.

JOHANNES PROELSS, der SCHEFFELS Leben zuerst ausführlich erforscht und beschrieben hat, berichtet, daß sich der Dichterfürst im Alter gerne in der Rolle eines Gutsherrn präsentiert habe. *»Ich bin ein Landmann geworden, sagte er zu einem ihn besuchenden Verehrer, und habe keinen andern Ehrgeiz, als den: ein freier Mann auf freiem Grund zu sein. «* – Ein Identitätsbekenntnis von zweifelhafter Glaubwürdigkeit!

Für mäzenatische Förderung auf dem Weg zum Druck auch dieses dritten »Alemannischen Libells« danken die Herausgeber einmal mehr dem Rektor der Universität Konstanz, Herrn Professor Dr. HORST SUND, aufs Freundlichste.

KLAUS OETTINGER HELMUT WEIDHASE

Großer Zorn

Mein Zorn ist groß und fürchterlich,
Ja, fürchterlich und groß,
Denn dieser dumme Erdplanet
Blamiert sich grenzenlos.

Ich wollt', ich wär' ein Haienfisch
Im tiefen, tiefen Meer!
Dann fräß ich alles, was da schwimmt,
Vergnüglich ringsumher.

Oder ein Aasgeier möcht' ich sein
Mit scharfer, scharfer Krall':
Ich fräß das ganze Vogelgeschlecht,
Kolibri wie Nachtigall.

Ich wollt', ich wär' eine Klapperschlang'
In der dummen freien Natur:
Vergiftet wär' in kurzer Zeit
Die ganze Kreatur!

Ich wollt', ich lief mit Wutgebrüll
Herum als Mordhyäne,
Ich nähm' die ganze Menschheit wild
Als Frühstück zwischen die Zähne.

Am End' fräß ich mit kaltem Blut
Mich selber noch dazu,
Denn eher kommt meine große Wut
Doch nimmermehr zur Ruh.

Bücher für die Welt im Kopf

Bücher für vielerlei Welten in den unterschiedlichsten Köpfen . . .

. . . folglich bisher: Bücher übers *Lesen und Schreiben* (und andere gefährdete Kulturfähigkeiten) / über *Kinder* und ihre Wege zur Schrift / über Entdeckungen und Wunschbilder der neueren *Gehirnforschung* / über *Fallstudien* als lebensnahe Paradigmen wissenschaftlicher Forschung / über satirisch-denkbare Zusammenhänge von *Ökonometrie* und *Theologie* / über erste exakte Messungen der *Eckzahnvergrößerungen* bei Altersvampiren / also auch: *lateinische Texte* aus dem Mittelalter am See / herbdeftige *Schwankbelustigungen* vom Bodensee, erstmals aus dem Mittelhochdeutschen in sinnenfrohes Späthochdeutsch eingeschmolzen / das einzige Buch mit den *Geistreichen Erheiterungen* eines alemannischen Aufklärers (aus der Zeit, als die Zöpfe fielen und die Scharfrichter noch schön waren) / das biedermeierselige Erinnerungsbuch einer ungebändigten Seebewohnerin (somit das älteste *Frauenbuch vom Bodensee*) / der einzige große mittelständisch-humoristische Bodenseeroman des 19. Jahrhunderts (geschrieben vom *»deutschen Scott«*) / das erste Konstanzer *Straßennamenbuch* / und mit zahlreichen Farbbildern die erste Monographie über den Maler *Walter Matysiak* . . .

Alemannisches Libell

Literarische Schatzgrabungen
im älteren alemannischen Kulturraum
ausgeführt an der Universität Konstanz
Sämtliche in Hochdeutsch zu lesen
zu Vergnügen und Hintersinn
ausgewählt, herausgegeben und empfohlen
von
Klaus Oettinger und Helmut Weidhase

Joseph Albrecht von Ittner
Der schöne Scharfrichter

192 S., erregend illustriert
ISBN 3-922305-10-5

Minnekunst und Liebeslust
am Bodensee

160 S., besinnlich bebildert
ISBN 3-922305-13-X

Ja, ja: Und das dritte Alemannische Libell
halten Sie gerade in Händen

EKKEHARD FAUDE VERLAG KONSTANZ

CIP-Kurztitelaufnahme der Deutschen Bibliothek

Scheffel, Joseph Victor von:
Warum küssen sich die Menschen?
Trink-Poesie und Kater-Philosophie d. Meisters Josephus vom Dürren Aste;
Trompeterstücklein, Vagantenepisteln, Polizei-Poesie,
Gaudeamus-Blödeleien /
Joseph Victor von Scheffel.
Ges. u. empfohlen von Klaus Oettinger u. Helmut Weidhase. –
Konstanz : Faude, 1986
(Alemannisches Libell ; 3)
ISBN 3-922305-19-9
NE: GT

Daß es dank Joseph Victor von Scheffel
in diesem dritten *Alemannischen Libell*
nicht nur um die Frage geht
Warum
küssen sich die Menschen?
ist auch den Illustrationen von
Gustav Doré, Grandville, Eugen Neureuther
Anton von Werner
und Unbekannteren anzumerken
die mit bedachtsamer Willkür
zeitgenössischen Quellen entnommen wurden.
Die preußische Kanone (S. 106) zum Beispiel
war im Erscheinungsjahr der Gaudeamus-Texte (1867)
auf der Weltausstellung in Paris zu sehen
(L'Exposition Universelle de 1867 Illustrée Vol.I)

Erste Auflage
Nach Fraktur-Vorlagen
gesetzt bei scansatz in Konstanz
gedruckt und gebunden
bei Kösel in Kempten
zur Apfelmuszeit 1986